U0668650

中华精神家园

汉语之魂

文苑集成

古代文献与经典专著

肖东发 主编　衡孝芬 编著

中国出版集团

现代出版社

图书在版编目（CIP）数据

文苑集成 / 衡孝芬编著. — 北京：现代出版社，
2014.10（2019.1重印）
　（中华精神家园书系）
　ISBN 978-7-5143-2970-4

　Ⅰ．①文… Ⅱ．①衡… Ⅲ．①百科全书－中国－古代
Ⅳ．①Z22

中国版本图书馆CIP数据核字(2014)第236578号

文苑集成：古代文献与经典专著

主　　编：肖东发
作　　者：衡孝芬
责任编辑：王敬一
出版发行：现代出版社
通信地址：北京市定安门外安华里504号
邮政编码：100011
电　　话：010-64267325 64245264（传真）
网　　址：www.1980xd.com
电子邮箱：xiandai@cnpitc.com.cn
印　　刷：北京密兴印刷有限公司
开　　本：710mm×1000mm　1/16
印　　张：11
版　　次：2015年4月第1版　2019年1月第2次印刷
书　　号：ISBN 978-7-5143-2970-4
定　　价：40.00元

版权所有，翻印必究；未经许可，不得转载

党的十八大报告指出："文化是民族的血脉，是人民的精神家园。全面建成小康社会，实现中华民族伟大复兴，必须推动社会主义文化大发展大繁荣，兴起社会主义文化建设新高潮，提高国家文化软实力，发挥文化引领风尚、教育人民、服务社会、推动发展的作用。"

我国经过改革开放的历程，推进了民族振兴、国家富强、人民幸福的中国梦，推进了伟大复兴的历史进程。文化是立国之根，实现中国梦也是我国文化实现伟大复兴的过程，并最终体现为文化的发展繁荣。习近平指出，博大精深的中国优秀传统文化是我们在世界文化激荡中站稳脚跟的根基。中华文化源远流长，积淀着中华民族最深层的精神追求，代表着中华民族独特的精神标识，为中华民族生生不息、发展壮大提供了丰厚滋养。我们要认识中华文化的独特创造、价值理念、鲜明特色，增强文化自信和价值自信。

如今，我们正处在改革开放攻坚和经济发展的转型时期，面对世界各国形形色色的文化现象，面对各种眼花缭乱的现代传媒，我们要坚持文化自信，古为今用、洋为中用、推陈出新，有鉴别地加以对待，有扬弃地予以继承，传承和升华中华优秀传统文化，发展中国特色社会主义文化，增强国家文化软实力。

浩浩历史长河，熊熊文明薪火，中华文化源远流长，滚滚黄河、滔滔长江，是最直接的源头，这两大文化浪涛经过千百年冲刷洗礼和不断交流、融合以及沉淀，最终形成了求同存异、兼收并蓄的辉煌灿烂的中华文明，也是世界上唯一绵延不绝而从没中断的古老文化，并始终充满了生机与活力。

中华文化曾是东方文化摇篮，也是推动世界文明不断前行的动力之一。早在500年前，中华文化的四大发明催生了欧洲文艺复兴运动和地理大发现。中国四大发明先后传到西方，对于促进西方工业社会的形成和发展，曾起到了重要作用。

　　中华文化的力量，已经深深熔铸到我们的生命力、创造力和凝聚力中，是我们民族的基因。中华民族的精神，也已深深植根于绵延数千年的优秀文化传统之中，是我们的精神家园。

　　总之，中华文化博大精深，是中国各族人民五千年来创造、传承下来的物质文明和精神文明的总和，其内容包罗万象，浩若星汉，具有很强的文化纵深，蕴含丰富宝藏。我们要实现中华文化伟大复兴，首先要站在传统文化前沿，薪火相传，一脉相承，弘扬和发展五千年来优秀的、光明的、先进的、科学的、文明的和自豪的文化现象，融合古今中外一切文化精华，构建具有中国特色的现代民族文化，向世界和未来展示中华民族的文化力量、文化价值、文化形态与文化风采。

　　为此，在有关专家指导下，我们收集整理了大量古今资料和最新研究成果，特别编撰了本套大型书系。主要包括独具特色的语言文字、浩如烟海的文化典籍、名扬世界的科技工艺、异彩纷呈的文学艺术、充满智慧的中国哲学、完备而深刻的伦理道德、古风古韵的建筑遗存、深具内涵的自然名胜、悠久传承的历史文明，还有各具特色又相互交融的地域文化和民族文化等，充分显示了中华民族的厚重文化底蕴和强大民族凝聚力，具有极强的系统性、广博性和规模性。

　　本套书系的特点是全景展现，纵横捭阖，内容采取讲故事的方式进行叙述，语言通俗，明白晓畅，图文并茂，形象直观，古风古韵，格调高雅，具有很强的可读性、欣赏性、知识性和延伸性，能够让广大读者全面接触和感受中国文化的丰富内涵，增强中华儿女民族自尊心和文化自豪感，并能很好继承和弘扬中国文化，创造未来中国特色的先进民族文化。

2014年4月18日

经典文库——文献集成

文明薪火——科技专著

娱乐大观——文娱博雅

文献集成

　　文献是用文字、图形、符号等技术手段记录人类知识的一种载体，或理解为固化在一定物质载体上的知识，也可以理解为古今一切社会史料的总称。

　　我国文化源远流长，历代产生的典籍难以数计，这些典籍如不分类次，则既不便保存、流传和传递，又不利于继承和使用，故历代王朝都十分重视对图书进行收集、整理、编目和典藏等。

　　这些文献包括图书目录文献、历代类书文献、历代注疏文献和历代丛书文献等，对于保存和传播中华文化具有重大的价值。

提纲挈领的图书目录文献

汉高祖刘邦

秦代末年，刘邦在沛县起义的时候，他有个弟弟叫刘交，跟随刘邦转战各地打天下。在刘邦的3个兄弟中，刘交与刘邦最接近，因而深受刘邦的信任和宠爱，成了刘邦的得力助手。西汉王朝定鼎之后，刘邦分封天下。刘交因跟随刘邦打天下有功，被刘邦封为楚王，定都彭城。

刘交自幼喜欢读书，多才多艺，封为楚王后，刘交遂从长安徙居彭城，开始息武兴文。刘交的四世孙刘向，自幼聪明好学，年仅12岁时便任专为皇帝引御车的辇郎，在家学的熏陶下，刘向年纪轻轻便精通儒家和道家之学，又写得一手好文章，20岁时就官任谏议大夫。

在当时，古代文献的载体主要是竹简与布帛，而图书的流传则主要靠手抄传写，所以同一种书便会因传抄者而有所不同，而且简帛容易烂折，编绳容易断乱。

■ 刘交画像

汉成帝即位后，鉴于秘府之书颇有散亡，便派了很多学者到民间收集散落的书籍。为了收集、整理这些书籍，汉成帝便诏令当时身为光禄大夫的刘向，在皇家图书馆天禄阁领导校勘、整理采访来的书籍。

由于收集来的书籍太多，在整理时，汉成帝命刘向负责校经传、诸子和诗赋；命步兵校尉任宏校兵书；命太史令尹咸校术数；命侍医李柱国校方技。

他们费时19年，终于把数十年间堆积如山的宫廷藏书全部重新整理了一遍。在圆满地完成了图书整理编目工作后，刘向把撰写的这些叙录汇编成当时国家藏书总目《别录》，以便于皇帝查找阅读。

《别录》是我国第一部解题式书目，共20卷，记录了上古至西汉的文化典籍，为古代文化史之精华，对后世目录学、分类学有极深远的影响。

刘向的儿子刘歆，很小的时候就开始读书，少年时代的他已精通《诗经》《尚书》等当时被认为是最

刘歆 字子骏，汉高祖刘邦四弟楚元王刘交五世孙，宗正刘向之子，是中国儒学史上的一个重要人物。公元前6年改名刘秀。西汉后期的著名学者，古文经学的真正开创者。在校勘学、天文历法学、史学、诗等方面都堪称大家，他编制的《三统历谱》被认为是世界上最早的天文年历的雏形。

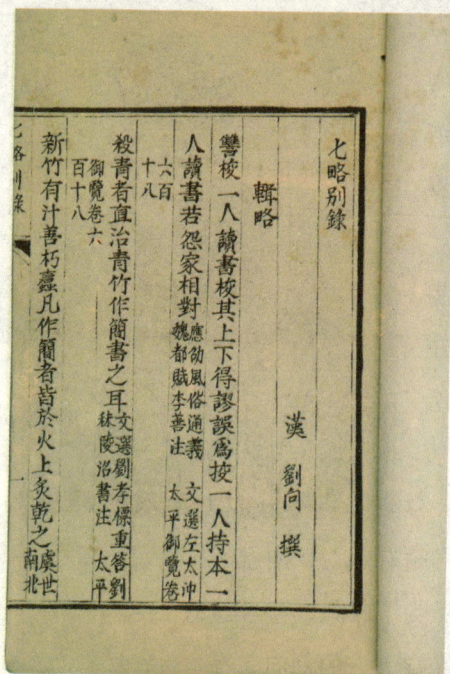

古老最经典的书籍。

汉成帝听说刘歆小小年纪就学识渊博、才华非凡，便特意召见他，让他做黄门郎。后来，又令刘歆与其父刘向一起负责整理校订国家收藏的书籍，这使刘歆有机会接触到当时皇家的各种稀见之书。刘歆坐拥这些皇室典藏，如饥似渴地钻研起来，成为一位对"六经"、传记、诗赋、术数和方技无所不精的渊博学者。

刘向、刘歆父子经过20多年的努力，圆满地完成了我国历史上第一次由政府组织的大规模图书整理编目工作，在这次校理群书的工作中，刘歆创造出一整套科学的方法。

为了对书籍的篇章文字等进行校正，他们首先兼备众本，广搜异本；然后选定篇目，去除重复；再后纠理错简，校雠文字；最后勘定书名，誊清新本。

公元前6年，刘向去世，皇帝任命刘歆为中垒校尉，统领校书工作，以完成他父亲的未竟之业。汉成帝去世后，汉哀帝继位，刘歆负责总校群书，在刘向撰编《别录》的基础上，刘歆将著录的图书分为6个大类：《六艺略》《诸子略》《诗赋略》《兵书略》《术数略》和《方技略》。

在6大类之外，刘歆又写了个相当于后世目录叙

■ 古籍《七略别录》

中垒校尉 汉武帝时开始设置的官名。中垒本是中尉属官，有令、丞、两尉。中尉所掌为备京师盗贼之事，中垒所掌当同。汉武帝以中垒进为校尉，为新置八校尉之一，秩比2000石，掌北军城内外及主垒门内外之事。

例的《辑略》，编成一部综合性的官修图书分类目录《七略》，计38种，603家，13219卷。

《六艺略》主要部分是王官之学，多为儒家的经典著作以及学习经书的基础读物。因为汉武帝独尊儒术，《六艺略》因而被列于儒学重要读物，而且儒家也被列于《诸子略》之首。《六艺略》的内容包括：《易》《书》《诗》《礼》《乐》《春秋》《论语》《孝经》和《小学》。

《诸子略》中收集的为个人及他那个学派的书，是私门之学。主要是古代哲学、政治、经济、法律等方面的著作。其内容包括：儒家、道家、阴阳家、法家、名家、墨家、纵横家、杂家、农家和小说家。

《诗赋略》的内容包括：屈赋之属、陆赋之属、荀赋之体、杂赋和诗歌。赋是汉代特别发达的文体，也为汉武帝所爱好，汉武帝时又专门设立乐府以采歌谣，所以刘歆把诗赋单列一略，仅次于诸子略。

《兵书略》收集的是军事著作。在战争频繁的年代，军事学对于扩充势力、巩固政权很有作用，春秋战国以来此类书也较多，所以刘歆把它列于数术、方技二略之前。内容包括：兵权谋、兵形势、兵阴阳和兵技巧。

《数术略》是天文历法、占卜星相方面的书。

黄门郎 秦朝开始设置的官名，又称黄门侍郎。即给事于宫门之内的郎官。宫禁之门黄闼，故称黄门郎或黄门侍郎。掌侍从皇帝，传达诏命。魏晋南朝时官名前均有"给事"二字，因掌管机密文字，职位日渐重要。

■ 古籍《七略》

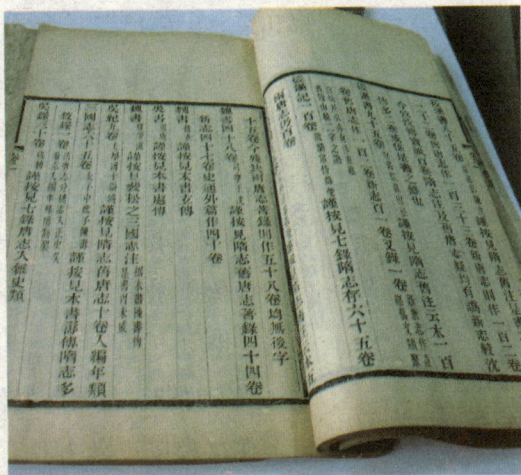

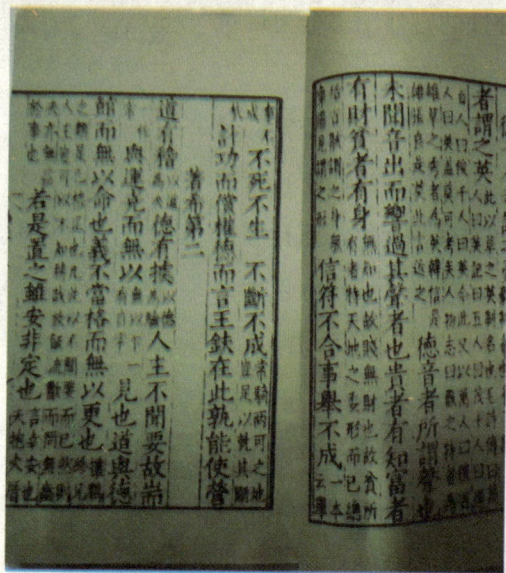
古书《兵书略》

经、史、子、集

我国古籍按内容区分的四大部类。一些大型的古籍丛书往往囊括四部，并用以命名，如《四库全书》《四部丛刊》《四部备要》等，可见四部分类对古籍的重要意义。现在的各类图书馆仍袭用传统的四部分类法。

其内容包括：天文、历谱、蓍龟、杂占和刑法。

《方技略》主要是医药认识方面的著作。其内容包括：医经、经方、房中、神仙。

作为我国第一部图书分类目录，《七略》以学术性质作为分类标准，在著录上确立了较完全的著录方法，除编有内容提要外，还利用了"互见法"和"分析法"，创立出的分类法和著录法对我国图书馆目录的发展产生了深远影响。

到了北宋末年，著名学者晁公武将友人赠送的50箧藏书和自己原来的藏书进行雠校舛误，于1151年完成《郡斋读书志》初稿编录工作，后来又对其重新加订补、勘正，分经、史、子、集4部，45类，其中经部10类、史部13类、子部18类、集部4类。

《郡斋读书志》具有多方面的学术价值。晁公武实际收藏图书1468部，基本包括了南宋以前我国古代的各类主要图书，把晁氏郡斋藏书记述得十分清楚，且集著录、介绍、校勘、考订于一书，故受到历代学者的重视和称赞，并为后来目录学的发展起到了重要的引导作用。

南宋时期，我国出版事业兴盛发达，私人藏书盛行。在这种风气影响下，有一个叫陈振孙的浙江吉安人，少壮时期受到书香熏染，勤于学习，一生嗜书如命，藏书、抄书、校书、著书，自幼至老，无有终时。

陈振孙在江西南城任县令期间，曾抄录了当地藏书家众多罕见之书。这些罕见之书除了五代时期刻印的唐代玄度所撰的《九经字样》古京本外，他还借抄官方禁止刻印的图书，如《奉诏集》《亲征录》《龙飞录》和《思陵录》等书，这些书均为珍异之本。

陈振孙的藏书楼名为"直斋"，先后积书达51480卷。当时南宋国家藏书仅为44486卷，陈振孙的藏书在数量上远远超过政府藏书。

陈振孙收藏的书不仅数量巨大，而且从质量上看，其若干珍本、善本，在国家藏书目录《中兴馆阁书目》中也是少见的，更是比较其稍早藏书的晁公武所收藏的24500卷书，是其一倍多。由此可见，两宋时期不论公私藏书，无人能出其右。

陈振孙经过数十年心营目识和材料的积累，他把自己对于典籍整理研究的心得，按晁公武《郡斋读书志》的形式，把所藏之书分经、史、子、集4录，撰成私家藏书目录《直斋书录解题》53卷。

《直斋书录解题》

经录10类：易类、书类、诗类、礼类、春秋类、孝经类、语孟类、谶纬类、经解类、小学类。

史录16类：正史类、别史类、编年类、起居注类、诏令类、伪史类、杂史类、典故类、职官类、礼注类、时令类、传记类、法令类、谱牒类、目录类、地理类。

子录20类：儒家类、道家类、法家类、名家类、墨家类、纵横家类、农家类、杂家类、小说家类、神仙类、释氏类、兵书类、历象类、阴阳家类、卜筮类、形法类、医书类、音乐类、杂艺类、类书类。

集录7类：楚辞类、总集类、别集类、诗集类、歌词类、章奏类、文史类。

陈振孙在编撰《直斋书录解题》的过程中，除了介绍作者生平，撮举每书大旨，品题得失，考辨讹谬外，他还对每本书做了解题，也就是提要。这些解题吸收并借鉴了前人的经验及成果，不拘泥于固定的格式，根据每部书的具体情况，决定解题的篇幅。在做解题时，陈振孙特别注意详略得当，繁简适中，灵活多样而不千篇一律。

《直斋书录解题》是我国古代一部重要的私人藏书目录，也是第

文苑集成

古代文献与经典专著

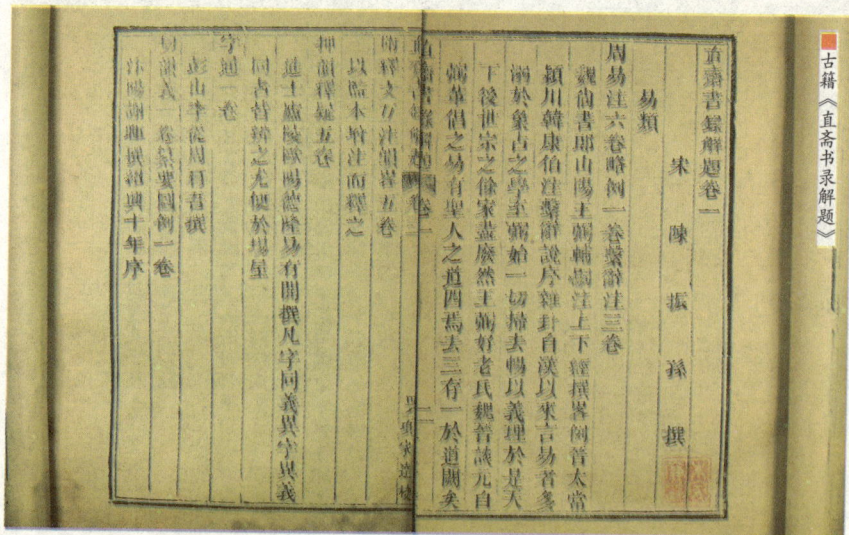

古籍《直斋书录解题》

一部以"解题"为书名的目录，该书收录丰富，体例较完备，记载较全面，在考证古籍存佚、辨识古籍真伪和校勘古籍异同等方面均起过重要作用。

到了清代同治年间，时任四川学政的张之洞编撰了一本举要性目录书《书目答问》，是作者因诸生不知"应读何书"及"书以何本为善"而为其开列的学习经史词章考据诸学指示门径的导读目录。收录者多为重要书籍，所选版本也从当时习见者中取其很少失误者为主，而不追求所谓的宋椠元刊。

《书目答问》全书共5卷，收书2200余种。所收图书都经过精心选择，较注重收录清后期的学术著作和科技图书。按经、史、子、集、丛书5部分类编排，大类之下再设小类，同类书按时代先后排列。著录书名、作者姓名、版本等。版本以当世习见为主。重要图书还撰有按语，指明阅读方法。书后附《别录》和《清朝著述诸家姓名略》。

古籍《直斋书录解题》

经典文库
文献集成

阅读链接

陈振孙不仅是南宋藏书家、目录学家，编著了我国现存最早的一部私家藏书书目《郡斋读书志》，此外还撰有《易解》《尚书解》《吴兴人物志》《氏族志》和《玄真子渔歌碑传集》等，但皆不传。

陈振孙对理学也颇有研究。他服膺朱熹，在书录解题中甚为推崇；而于象山心学，则颇有贬斥。刘克庄在《故通判大夫宝章阁待制致仕陈振孙赠光禄大夫制》中评论说："早号醇儒，得渊源于伊洛；晚称名从，欲辈行于乾淳。"

包罗各家的历代经典类书

我国春秋时期，齐国有一位伟大的政治家、道家、思想家、教育家、经济学家，名叫管仲，他的祖先是姬姓的后代，与周王室同宗。父亲管庄是齐国的大夫，后来家道中衰，到管仲时已经很贫困了。

为了谋生，管仲做过当时认为是微贱的商人，他到过许多地方，接触过各式各样的人，见过许多世面，从而积累了丰富的社会经验，并且博通"三坟五典"，有经天纬地之才。

管仲画像

管仲先是辅佐公子纠，后来公子小白即位后，称齐桓公，他又尽心辅佐。齐桓公非常欣赏管仲的才华，经常同他商谈国家大事。

由于管仲系统地论述了治国称霸之道，使齐桓公的全部问题都迎刃而解，不久就拜他为相，主持政事，为表示对管仲的尊崇，称其为"仲父"，授权让他主持一系列政治和经济改革。

管仲在全国划分政区，组织军事编制，设官吏管理；建立选拔人才制度，士通过3次审选，可为"上卿之赞"；按土地分等征税，禁止贵族掠夺私产；发展盐铁业，铸造货币，调剂物价。

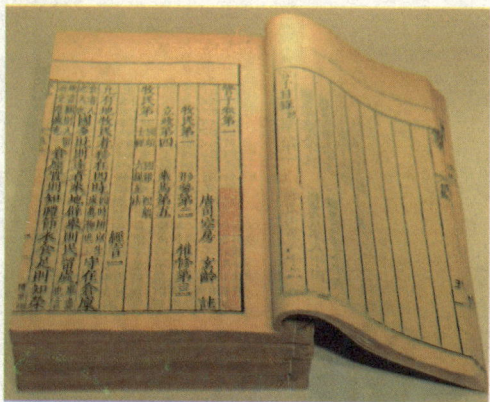
■ 古籍《管子》

管仲的改革成效显著，齐国由此国力大振。管仲在世之时由于其功业显赫，"立言"精辟，他的追随者便开始收集整理其言行，春秋中后期管仲的事迹和学说被管仲学派传人丰富发展，战国时期管仲学派及其学说进一步发展。

特别是稷下学宫建立以后，管仲学派与百家争鸣交流，进一步完善了自己的学说体系，并且集法家、儒家、道家、阴阳家、名家、兵家和农家理论之大成，由此形成了我国政治家治国、平天下的大经大法《管子》。

《管子》共24卷，85篇，后存76篇，分为8类：《经言》9篇，《外言》8篇，《内言》7篇，《短语》17篇，《区言》5篇，《杂篇》10篇，《管子解》4篇，《管子轻重》16篇。内容极丰，包含道家、儒家、名家、法家、兵家、阴阳家等家的思想以

稷下学宫 又称稷下之学，战国时期田齐的官办高等学府，始建于齐桓公。稷下是齐国国都城门，位于齐国国都临淄稷门附近。稷下学宫学术氛围浓厚，思想自由，成果丰硕，完全可以说是世界历史上真正的第一所大学，第一所学术思想自由、学科林立的高等学府。

竹简《管子》

及天文、舆地、经济和农业等方面的知识。

《管子》在诸子百家中占有十分重要的地位，是研究古代政治、经济、法律等各方面思想的珍贵资料。

到了隋代，隋炀帝诏令左仆射杨素重修《魏书》，当时著名书法家欧阳询参加编撰，后因杨素去世而搁浅。在此期间，地方军政长官李渊和欧阳询结交，引他为幕府宾客。

618年，李渊建立唐王朝时，欧阳询已是62岁的老人。唐高祖李渊很器重他，多次提拔，位至给事中。622年，唐高祖诏令编纂《艺文类聚》，命欧阳询担任主编，参与工作者有秘书丞令狐德棻、侍中陈叔达、太子詹事裴矩、詹事府主簿赵弘智、齐王府文学袁朗等十多人。

《艺文类聚》共100卷，百余万字，分为46部，每部又细分为若干子目，共有727目之多。这46部的顺序是：天、岁时、地、州、郡、山、水、符命、帝王、后妃、储宫、人、礼、乐、职官、封爵、治政、刑法、杂文、武、军器、居处、产业、衣冠、仪饰、服饰、舟车、食物、杂器物、巧艺、方术、灵异、火、药香草、宝玉、百谷、布帛、果、木、鸟、兽、

012
文苑集成
古代文献与经典专著

给事中 官名，秦始置。西汉因之，为加官，位次中常侍，无定员。所加之官或为大夫、博士或议郎，御史大夫、三公、将军、九卿等亦有加者。加此号有得给事宫禁中，常侍皇帝左右，备顾问应对，每日平责中名上朝谒见，分负尚书奏事，实际政务，为朝要职，多以儒国亲充任。

鳞介、虫豸、祥瑞、灾异。

《艺文类聚》的编纂，尽管以弘扬儒家思想为务，却不排斥其他说法。《天部·天》中罗列的有老子、庄子、文子、列子的道家说法，还引了《蜀志》的一则故事；在《天部·日》中，又引《列子》中的"孔子与两小儿辩日"的故事。体现出儒家那种多闻阙疑、求同存异的风格。

《艺文类聚》在内容的取舍方面，体现出追求真善美的强烈倾向，很注意采集正面材料，摈弃反面材料。《帝王部》《人部》中都极尽劝善之能事。《艺文类聚》如此苦心孤诣，正是儒家重视教化、重视书籍的潜移默化功能的反映。

《艺文类聚》于624年下半年书成奏上，唐高祖赐帛200匹。627年，唐太宗李世民继位后，任命欧阳询为太子率更令、弘文馆学士。

欧阳询所辑的《艺文类聚》，与虞世南的《北堂书钞》、徐坚的《初学记》、白居易的《白氏六帖》合称为"唐代四大类书"。

虞世南字伯施，生于558年，越州余姚人。唐代书法家、诗人、"凌烟阁二十四功臣"之一。其父虞荔、兄虞世基、叔父虞寄均名重一时。因他的叔父虞寄无子，虞世南便过继给叔父，故字伯施。

《北堂书钞》为虞世南在隋秘书郎任上所编，当时编辑此书，大抵是供文人撰文时采录参考资料所用。全书分为帝王、后妃、政术、刑法、封爵、设官、礼仪、艺文、乐、武功、衣冠、仪饰、服饰、

欧阳询雕像

像施伯虞

■虞世南画像

白居易（772年—846年），字乐天，号香山居士、醉吟先生。唐代诗人，与李白、杜甫并称"李杜白"。现实派诗人。他的诗歌题材广泛，形式多样，语言平易通俗，有"诗魔"和"诗王"之称。其作品流传于社会各地各阶层，乃至外国，如新罗、日本等地，产生很大的影响。著名诗歌有《长恨歌》和《琵琶行》等。

舟、车、酒食、天、岁时、地19部，852卷，由于在类书中此书成书很早，辑录资料皆采自隋以前古籍，其中相当一部分本子已不传，故其文献价值颇高，尤其在辑佚、校刊古籍等功用上，更不容忽视。

唐代著名类书还有徐坚的《初学记》。徐坚，字元固，生于659年，湖州长城人。他自幼聪敏过人，被称为"异才"。后来举秀才及第，为集贤院学士，封东海郡公。由于徐坚多识典故，前后修撰格式氏族及国史等。

徐坚所辑《初学记》共30卷，分23部，取材于群经诸子、历代诗赋及唐初诸家作品，保存了很多古代典籍的零篇单句。此书的编撰原为唐玄宗诸子作文时检查事类之用，故名《初学记》。

大诗人白居易的《白氏六帖》亦是唐代类书之一。白居易生于772年，是继李白、杜甫之后唐代又一位大诗人，世称"李杜白"为唐代三大诗人。白居易在整理集贤院藏书时，使他有机会接触大量的藏书，这对他的文学创作有很大的影响。

白居易私家藏书颇富，建有藏书楼，名"池北书库"。而且还在家中放置数千瓶子，命人取诸经典籍中的诗文佳句，投于瓶中，后再分门别类，编撰了一部词语佳句类书《白氏经史事类六帖》，简称《白氏六帖》。

《白氏六帖》分为1367门，收录了唐代文献中最可贵的律、令、格、式的若干条文，律有擅兴律、贼盗律等，令有乐令、选举令、考课令、封爵令、丧葬令、户令、授田令、祠令、杂令等，格有仓部格、金部格、户部格、祠部格等，式有兵部式、祠部式、吏部式、考功式、户部式、主客式、水部式等。

到了北宋时期，宋王朝自开国皇帝宋太祖赵匡胤到宋太宗赵光义，统一事业已接近完成，政治比较稳定，经济上也出现繁荣景象。小说娱乐成为当时较为风行的文化消闲方式。

宋太祖从小就喜欢读一些古书，即皇帝位之后，读书风气不减，锐意文字，手不释卷。再加上他遵行"文以守成"的古训，他甚至要求朝中所有的武

杜甫（712年—770年），字子美，汉族，河南巩县人，自号少陵野老，唐代伟大的现实主义诗人，与李白合称"李杜"。杜甫在古典诗歌中的影响非常深远，被后人称为"诗圣"，他的诗被称为"诗史"。后世称其为杜拾遗、杜工部，也称他杜少陵、杜草堂。

经典文库
文献集成

■ 古籍《初学记》

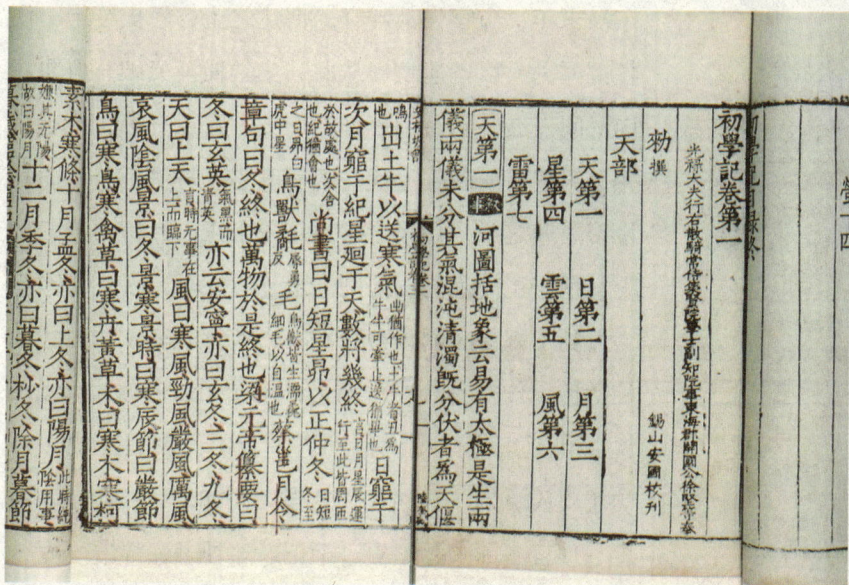

■ 赵匡胤画像

宋太宗（939年—997年），赵炅，本名赵匡义，后因避其兄宋太祖讳改名为赵光义，即位后改名炅。他在位时，进行统一事业，鼓励垦荒，发展农业生产，扩大科举取士规模，编纂大型类书，设考课院、审官院，加强对官员的考察与选拔，进一步限制节度使权力，确立文官政治。

将都要大量读书，以便学会治理国家的本领。所以，书籍的搜取、整理和流传，便成了宋太祖刻意着力之处。

宋太宗也有尚文之心，并将小说作为消闲之资，但他毕竟是一国之主，读书自然要立足于用世与治道。于是，在977年，宋太宗下令中书侍郎李昉领导一班精通儒学的贤者扈蒙、李穆、徐铉、赵邻几、王克贞、宋白、吕文仲等12人开始编纂一部小说性质的类书《太平广记》。

早在上古时期，我国就非常重视治史，曾分别设立了记事和记言的史官，左史记事、右史记言。到了东汉末年，史官失其常守，博达之士，恐史废绝，便各记闻见，以备遗亡。从此，史学便渐突破官府藩篱向民间发展，学者们多抄掇旧史，自成一书，或起自人皇时代，或断之近代，各有其志，体例不一，而且许多委巷之说，迂怪之事也记录下来，真虚莫测，使得其渐与正史远离、区别开来。

到了魏晋时期，有一些文人或佛教徒，用古代的神话传说作材料，进行加工，创作了许多神仙鬼怪小说。到了唐代，小说得到进一步的发展，正史以外的"史氏流别"达到10种之多，诸如偏记、小录、逸事、琐言、郡书、家史、杂记、地理书、都邑簿等。

李昉组织人把从汉代到宋初的各种形式的小说，以及少量先秦古籍中的传说故事统统纳入书中，编纂成了《太平广记》一书。

《太平广记》全书共500卷，另有目录10卷，分52大类，150多小类。大类中卷数最多的是神仙类，共55卷，下面依次是鬼类40卷，报应类33卷，神类25卷，女仙类15卷，定数类15卷，再加上异僧12卷，再生12卷，妖怪9卷，龙8卷，精怪6卷，幻术4卷，妖妄3卷，释证3卷，夜叉2卷，悟前生2卷，神魂1卷，灵异1卷等，志怪内容占了全书大半，共汇集了6970多则故事，每则故事后都注明引自何书。

978年，《太平广记》成书，982年做成雕版。因成书于宋太平兴国年间，故叫《太平广记》。

《太平广记》所辑虽然主要是小说，但其中许多有关人事的故事，是当时的人所记录下来的当时的事，相当可信。所以《太平广记》对研究一些历史人物的事迹、各朝的典章、名物制度、地理、宗教、民俗、社会变迁、中外关系以及科技文化等方面的状况具有参考价值。

《太平广记》对于后世文学的影响非常大。宋代以后的话本、杂剧、宫调等多从《太平广记》一书中选取题材和转引故

李昉（925年—996年），字明远，深州饶阳五公村人，宋代著名学者。宋初为中书舍人。宋太宗时任参知政事、平章事。984年加中书侍郎。组织编纂了大型类书《太平御览》《文苑英华》和《太平广记》，对后世影响很大。

■ 宋书《太平广记》

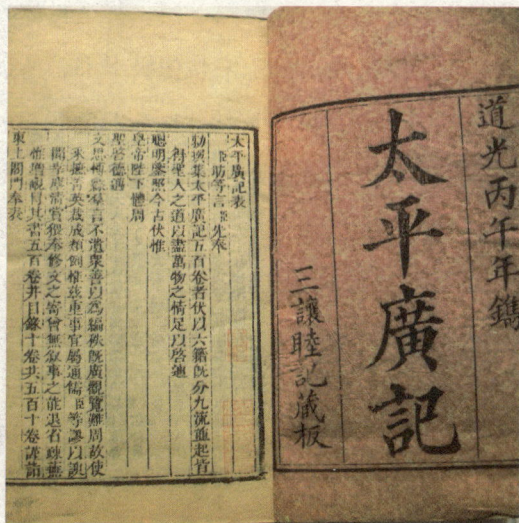

古书《太平广记》书影

事，加以敷演；说话人至以"幼习《太平广记》"为标榜。比如明代著名文学家冯梦龙就依据该书改编为《太平广记钞》80卷。

除了《太平广记》外，宋太宗朝还编纂了《太平总类》一书。此书也是我国历史上著名的类书之一。

原来，在北宋初期，经过唐末、五代50多年的混战，书籍毁佚甚多，以至盛唐时期9万余卷官藏典籍"编帙散失，幸而存者，百无二三"。北宋初期，国家史馆藏书才万余卷。

为了搜取书籍，宋初在20年的时间里，朝廷先后把后蜀、南唐、北汉诸降国的书籍一并收来。除此之外，还采取奖励机制从民间广泛求书。宋太宗曾为此专门下诏，甚至具体列出需求书籍之名，对献书者都有丰厚奖励。由于宋朝积极求书，所以国家藏书激增，由开国之初的1万多卷，到太平兴国年间（976—983）增加到8万余卷。

由于各国书籍凌杂无序，而且雕版未盛行，大多典籍只有手抄本，不利于翻览和保藏，所以，宋太宗下诏翰林学士李昉、扈蒙、徐铉、张洎等臣，利用这些藏书，编类书1000卷，书名《太平总类》。

李昉领导编著《太平总类》一书时，根据《周易·系辞》中的"凡天地之五十有五"，把全书以天、地、人、事、物为序，分成55部，包括天部、时序部、地部、职官部、兵部、人事部、逸民部等。在各部下又分若干类，有些类下又有子目，大小类目共计约5474类，

018
文苑集成
古代文献与经典专著

详略不一。

在编著过程中，李昉他们所征引的古书多达1689种，如果把诗、赋、铭、箴等都计算在内能达到2800多种。

《太平总类》977年成书以后，宋太宗每日读《太平总类》3卷，用了一年时间把此书读完，于是赐此书改名为《太平御览》。

《太平御览》是保存五代以前文献、古籍最多的一部，而且引书比较完整，多整篇整段文字，后代学者虽看不到原书，但从《太平御览》中可找到一些可贵的文献资料。

在宋代，科举以进士科最重，进士考帖经、墨义和诗赋。士人们除了要强记经义外，还要以声韵为务，所以，研习文字技巧非常重要。

宋初作文与唐时一样盛行骈体，诗文风格主要沿袭晚唐风气，走的是绵密富丽的路子，朝廷的诏令制诰和士大夫的表启笺札，仍然通行骈四俪六的对偶，会写散文的也要会写四六，这就非熟悉典故、辞藻不可。所以，在这种社会情形下，社会急需一部作文时作参考的类书。

于是，在《太平广记》早已完成，《太平

话本 宋代兴起的白话小说，用通俗文字写成，多以历史故事和当时社会生活为题材，是宋元民间艺人说唱的底本。今存《清平山堂话本》《全相平话五种》等。宋代"说话"即说书人的底本。也称为"语文"或简称"话"。

■ 古籍《太平广记》

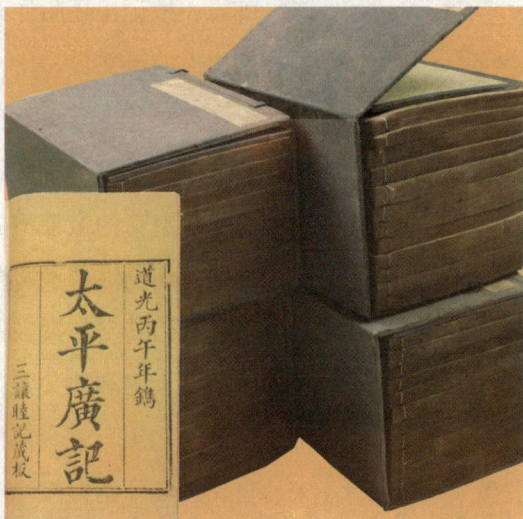

■ 宋真宗赵恒画像

杨亿（974年—1020年），字大年，北宋文学家，"西昆体"诗歌的主要作家。杨亿在11岁时，宋太宗闻其名，诏送阙下试诗赋，授秘书省正字，后赐进士，曾为翰林学士兼史馆修撰，官至工部侍郎。性耿介，尚气节。卒谥文，人称杨文公。

御览》也接近定稿时，宋太宗即时下令从《太平御览》纂修中抽调学者李昉、宋白、徐铉等将近半数人力，加上翰林侍读学士杨徽之等共20多人，编纂了《文苑英华》。

《文苑英华》于982年下半年开始纂修，选材时限与《文选》相衔接，上自南朝梁代，下至晚唐五代。选录的作者近2200人，作品近 2万篇。按文体分赋、诗、歌行、杂文、中书制诰、翰林制诰等39类。每类之中又按题材分若干子目，如赋类下分天象、岁时、地、水、帝德、京都等42小类。

书中约十分之一是南北朝作品，十分之九是唐人作品，多数是根据当时流传不多的抄本诗文集收录的。另外，《文苑英华》中收录不少诏诰、书判、表疏、碑志，校记里还附注有别本的异文，可以用以辑补校勘唐人的诗文集。

《文苑英华》于985年年底完成。宋真宗赵恒继帝位后又对此书进行了修订，但大体面貌没变。一方面因对先祖皇帝的敬慕不能大改，另一方面，也反映了宋真宗时期仍沿袭了这样的立场。

宋真宗因其父宋太宗诏修了《太平御览》等，便也想编一部大书和他父亲诏修的书媲美。所以，他在即位后的第八年，就命宰相王钦若和工部侍郎杨亿等人，自1003年开始编修一部具有政事历史百科全书性质的类书《历代君臣事迹》。并要求这本书专门辑录自上古到五代的历代君臣事迹，按事类、人物分门编撰；选用材料以"正史"为主，采用经、子等书，但不收杂史、小说。

王钦若和杨亿等人在编撰这部书时，打破时代局限，把五代以前的历朝史事都经过分门编类，把各朝同类事实集中排比，想查一个史实，查检一个门类，则历代同类事实全可见到。

然后，他们按照帝王、闰位、僭伪、列国君、储宫、宗室、外戚、宰辅、将帅、台省、邦计、宪官、谏诤、词臣、国史、掌礼、学校、刑法、卿监、环卫、铨选、贡举、奉使、内臣、牧守、令长、宫臣、幕府、陪臣、总录、外臣秩序，把全书共分为31部。

每部前面又写有《总序》，详述本部事迹的沿革，等于一篇小史；部下又分1104门，每门有《小序》，议论本门的内容，等于一篇总论。《小序》之后又罗列出历代人物事迹，各门材料按年代先后排列。全书的整理体例，细密而完善。

在编撰过程中，宋真宗不但经常亲自过问编修事宜，而且还亲自审阅，随时指示，随时修改。审阅时，宋真宗也学他父亲"日进三卷"的办法，一般都是当天看完，甚至看到深夜。

1013年，这部大型类书终于编撰完成。全书正文1000卷，目录10卷，音义10卷。库本约2.72万多页，总字数约940万字，约超过《太平御览》1倍。

这部书完成以后，宋真宗亲自为其作序，并且把书名改为《册府

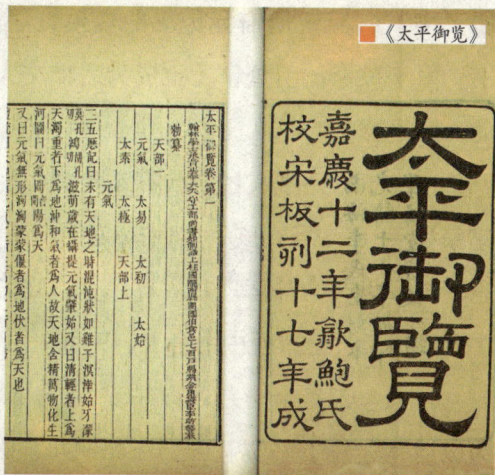

《太平御览》

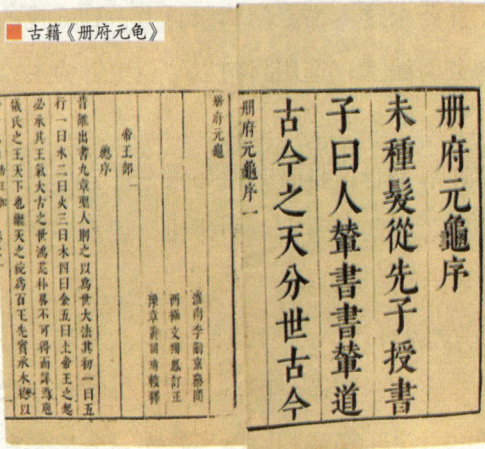
古籍《册府元龟》

元龟》。"册府"就是典策的渊薮，书册的府库。"元龟"就是大龟，大龟是古代用以占卜的宝物。

《册府元龟》命名的含义就是，这部书是一部古籍的大龟，蕴藏丰富，可以作为君臣的鉴戒，是君臣上下行事借鉴的典籍，也就是"前事不忘，后事之师"的意思，目的是"为将来典法，使开卷者动有资益"。

《册府元龟》作为后世帝王治国理政的借鉴，采撷铨择了经、史、《国语》《管子》《孟子》《韩非子》《淮南子》《晏子春秋》《吕氏春秋》《韩诗外传》和历代类书，以及《修文殿御览》等书的内容以后，分类编纂。在体例上，还采用了编年体和列传体相结合的体例。

《册府元龟》与《太平广记》《太平御览》《文苑英华》合称"宋四大书"，而《册府元龟》的规模，居四大书之首，数倍于其他各书。由于该书征引繁富，也成为后世文人学士，运用典故，引据考证的一部重要参考资料。

1520年，到了我国明代嘉靖年间，河南汝南府确山县有个普通人家家里生了一个男孩，名叫陈耀文。陈耀文少年聪颖，自小过目不忘，被乡里誉为神童。12岁补庠生，1543年中癸卯科考举人，1550年中庚戌科考进士，授中书舍人。

中书舍人是个清差，喜好读书的陈耀文正好借此机会博览群书，为以后著述打下坚实基础。在此期间，陈耀文著有《正杨》一书，纠正文学家杨慎《丹铅录》150条错误。

陈耀文的才干逐渐得到朝廷的认可，升他为工部给事中，官至按察司副使，最后被提升为陕西太仆寺卿。他却认为自己年纪大了，来日无多，便请求告老还乡。

陈耀文回到故土确山以后，闭门谢客，开始专心于著述类书之事，因所居近天中山，故题书名为《天中记》。

《天中记》又名《寰海类编》。陈耀文依事物的性质将典籍、历史、小说、艺术、天文、地理、奇闻逸事等分门别类，尽收书中。全书200余万言，分类目796个，每类下又因事标目若干条，援引繁高，或于文前，或时语后注明出处，搜辑僻典遗文甚多，又间作考证，指出原书之讹文、误释，正历代类书之沿讹，精审多识，这是其他类书所不能比及的。

《天中记》取材广泛，采辑丰富，征引完备，是古代类书中较完善者。后来的清代大学者纪昀在《四库全书总目提要》中尤其称赞该书。《天中记》于清末重刊时，民族英雄林则徐曾亲手校勘并作跋。

1650年，正是清顺治七年，福建一个普通人家陈家

编年体 以年代为线索对有关历史事件进行编排的体裁。编年体史书以时间为中心，按年、月、日顺序记述史事。因为它以时间为经，以史事为纬，比较容易反映出同一时期各个历史事件的联系。因为编年体是我国最古老的历史体裁，故又称"古史"。

023

经典文库

文献集成

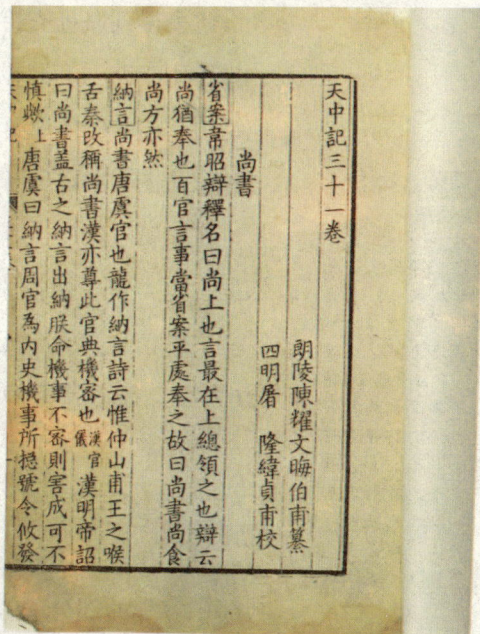

■古籍《天中记》

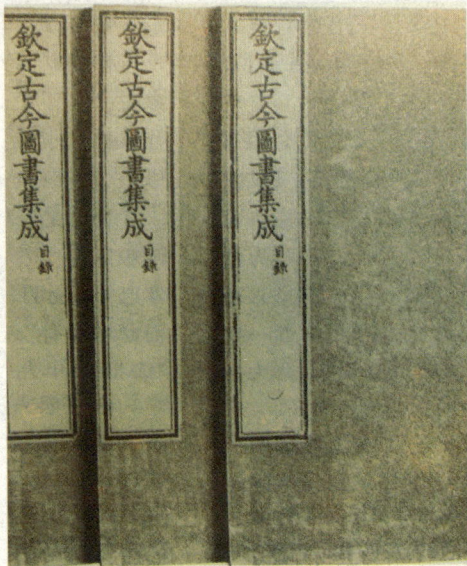

古籍《钦定古今图书集成》

吴襄（1661年—1735年），字七云，号悬水。1713年进士，授翰林院编修，充任《明史》《八旗通志》总裁及《治河方略》《诗经集注》总纂修官。1723年命直南书房，升侍读学士，督顺天府学政，充任经筵讲官，参与《明史》《八旗志》的纂修。

家里诞生了一个男孩，取名陈梦雷。陈梦雷资质聪敏，少有才名。12岁中秀才，19岁中举人，20岁时成进士，为庶吉士，被授予编修之职。

1699年，清康熙皇帝任命陈梦雷为词臣、侍读，在内苑侍奉三皇子诚亲王胤祉读书。在此期间，陈梦雷恪尽职守，甚得胤祉好感。

在长期教学过程中，陈梦雷见当时的类书，要么"详于政典"，要么"但资辞藻"，有许多缺点，因此他决心编辑一部"大小一贯，上下古今，类列部分，有纲有纪"的大型类书。

此事得到胤祉支持，胤祉特拨给陈梦雷一间"协一堂"用于藏书，并在城北买"一间楼"，雇人帮助他缮写。自1701年秋开始，陈梦雷根据"协一堂"藏书和家藏图书共1.5万余卷，开始分类编辑。

在编辑过程中，陈梦雷离析每一部书的内容，再依据主题类聚。把各种书从以"图书"为单元，变为以"文献信息"为单元。之后，又依主题类聚成篇，分6大类，每一"汇编"下再分32个"典"。"典"之下又分"部"，形成：汇编、典、部的3层结构。

另外，陈梦雷把包括琐细的史事与逸话亦可传者，笔记小说中的故事大量囊括为"纪事"；把凡是典籍中零碎的部分，考究欠真，难入"汇考"的，或议论偏驳，难入"总论"的，或文藻未工，难入"艺文"的，统收于"杂录"。同时，把古代作品及思想，荒唐难信的或譬喻臆造的，俱录于"外编"；平行列举，一目了然。

陈梦雷经过"目营手检，无间晨夕"的辛勤劳动，历时6年，终于在1706年把这部共1万卷的巨著《古今图书集成》修成。

《古今图书集成》这样一部大型类书，它既是经也是史，是子也是集，包括我国1.5万多卷经史子集的典籍，融合为一。

《古今图书集成》原名《文献汇编》或称《古今图书汇编》，由清康熙皇帝钦赐书名，清雍正皇帝写序，《古今图书集成》为此冠名"钦定"，历时两朝28年，采集广博，内容丰富，正文1万卷，目录40卷，共分为5020册，520函，42万余筒子页，1.6亿字。

全书按天、地、人、物、事次序全面展开，其规模宏大、分类细密、纵横交错、文史哲学、经济政治、教育科举、百家考工等无所不包，图文并茂，因而成了查找古代资料文献的十分重要的百科全书。

1721年，清圣祖康熙命总理事务大臣允禄和翰林院编修吴襄领导编纂的一部专门采集子书和史书中的材料，提供给文人查找词章和典故的类书。

早在三国曹魏时期，文人吟诗作赋时，采摘辞藻往往喜欢寻求一些典故和逸闻，以便押韵对句而用。于是，采掘群书、辑录各门类或某一门类的资料，随类相从而加以编排，以利寻检、引用的一种古典文

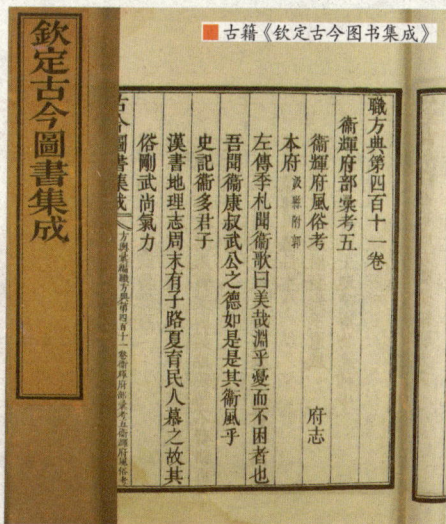

■ 古籍《钦定古今图书集成》

献工具书类书《皇览》就出现了。

自从《皇览》以来，历代王朝都非常注重编纂大型类书。到了清康熙、雍正年间，朝廷编纂大型类书的传统被推向了又一高峰。

接到诏令后，允禄和吴襄便组织一个编撰班子，专辑诸子和史籍中的名言警句、出处和上下文等，然后分门别类地汇集成册，以供时人采摘，并将这本书取名《子史精华》。

《子史精华》是一部供采取典故、诗文、辞藻用的类书，全书160卷，分天、地、岁时、帝王、皇亲、文学、居处、灵异、珍宝、食馔、人事、礼仪等30部，子目280类。专采子、史部及少数经、集部书中有关社会情况、自然知识、学术文化等方面的名言隽句汇编成册。

此书采辑宏富，考核精良，句中引文裁剪得宜，连贯完整，并详注出处。为后人研究古代文化史、科技史提供了重要资料。

阅读链接

宋太宗赵光义在文化建设方面多有功绩。他不但组织人员修成《太平御览》和《太平广记》，还开创了北宋时期的升平诗歌之风，在宋代皇族和大臣中得到积极的响应，形成了宋代诗歌的重要特征之一。

宋太宗本人喜好诗赋，政府也因此特别重视文化事业，北宋王朝重教之风因而展开。宋太宗还喜好书法，擅长草、隶、行、篆、八分、飞白6种字体，尤其善书"飞白体"，当时的货币"淳化元宝"就是宋太宗亲自题写的。

考证细致的历代注释文献

我国南宋时期的1130年，南剑州尤溪一个贫困的朱氏家中诞生了一个男孩，取名朱熹，小名沈郎，小字季延，字元晦。

朱熹自小聪颖，弱冠及第，1148年中进士，历宋高宗、宋孝宗、宋光宗、宋宁宗4朝，历任左迪功郎、转运副使、焕章阁待制、秘书修撰、宝文阁待制等职。

朱熹是当时大儒家"二程"即程颢、程颐的三传弟子李侗的学生。他致力于教育事业，并于建阳云谷结草堂名"晦庵"，在此讲学，四方慕名而来者很多，由此创立了在理学历史上影响深远的考亭学派，当时称他"考亭先生"。

朱熹承北宋周敦颐与"二

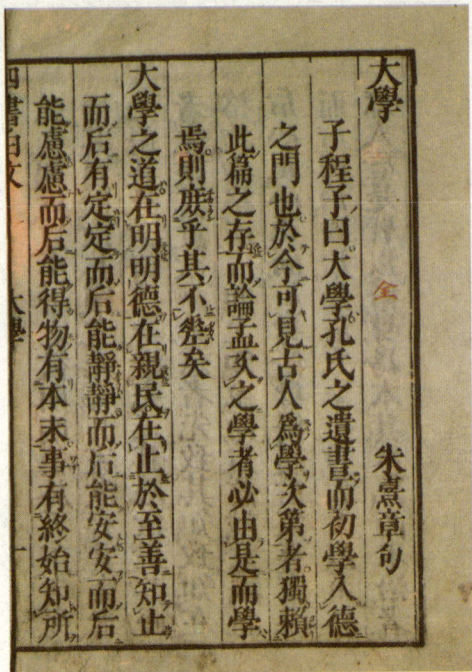

大學

子程子曰大學孔氏之遺書而初學入德之門也於今可見古人爲學次弟者獨賴此篇之存而論孟次之學者必由是而學焉則庶乎其不差矣

大學之道在明明德在親民在止於至善知止而后有定定而后能靜靜而后能安安而后能慮慮而后能得物有本末事有終始知所

朱熹章句

■ 朱熹著作《大学》

韩愈（768年—824年），字退之，祖籍郡望昌黎郡，世称韩昌黎。唐代著名的文学家、哲学家、思想家、政治家。与柳宗元共同倡导我国唐代古文运动，合称为"韩柳"。明人推他为"唐宋八大家"之首，有"文章巨公"和"百代文宗"之名，作品都收在《昌黎先生集》里。

程"学说，创立宋代研究哲理的学风，称为"理学"。其著作甚多，辑定《大学》《中庸》《论语》《孟子》"四书"作为教本。

早在先秦时期，《大学》《中庸》《论语》《孟子》这4部儒家经典并没有受到重视。到汉武帝时，著名的汉儒大家董仲舒以贤良对《天人三策》，提出"罢黜百家、独尊儒术"的主张。由此，孔子的思想受到了执政者及思想界的推崇，于是，记载孔子及其主要弟子言行的《论语》也就被奉为圭臬。但当时《大学》《中庸》《孟子》三书，并没有受到汉儒的重视。

汉以后，《论语》的声誉日渐高涨。魏晋时期《论语》注家很多，其地位已经和经相等。这一时期，《孟子》也受到了一定的重视，特别是赵歧称孟子为"亚圣"，并对《孟子》一书进行注释和宣传。

到了唐代，《孟子》《大学》《中庸》才受到了两位文学家韩愈和李翱的异乎寻常的重视，他们对三部书的思想也给予了充分肯定。如李翱的《复性书》将此二篇的部分观点加以融合、发挥，建构了一个较为完整的思想体系，开启了宋代理学大门。于是，宋代的"二程"沿着这个方向，尊奉《中庸》，并把

《大学》与《论语》《孟子》并提。

到了朱熹这里，由于他学承二程，其最有代表性的著作之一就是《四书章句集注》，简称《四书集注》，是集《大学》《中庸》《论语》《孟子》与"五经"于一体的巨作，是一部儒家理学的名著。

《四书章句集注》是四书的重要的注本。其内容分为《大学章句》1卷、《中庸章句》1卷、《论语集注》10卷以及《孟子集注》14卷。

在本书中，朱熹首次将《礼记》中的《大学》《中庸》与《论语》《孟子》并列，认为《大学》中"经"的部分是"孔子之言而曾子述之""传"的部分是"曾子之意而门人记之"；《中庸》是"孔门传授心法"而由"子思笔之于书以授孟子"，四者上下连贯传承而为一体。《大学》《中庸》中的注释称为"章句"，《论语》《孟子》中的注释集合了众人说法，称为"集注"，因此后人合称其为"四书章句集注"。

在编排次序上，朱熹首列《大学》，次列《论语》和《孟子》，最后列《中庸》。他的意图是要人先读《大学》，以定其规模；次读《论语》，以立其根本；次读《孟子》，观其发越；次读《中

董仲舒（前179年—前104年），西汉著名的思想家、哲学家、政治家、教育家，今文经学大师，曾任博士、江都相和胶西王相，汉武帝举贤良文学之士，他对策建议，使儒学成为我国社会的正统思想，影响我国历史长达2000多年。

029

经典文库

文献集成

■ 《孟子》竹简

庸》，以求古人微妙之处。

在注释方式上，朱熹不同于汉唐学者的作风。汉唐学者注释，注重经书的原本，文字的训诂和名物的考证分量很重，做法繁琐。朱熹注释则注重阐发"四书"中的义理，并往往加以引申和发挥，其意已超出"四书"之外。

朱熹注释"四书"的目的，不仅仅是整理和规范儒家思想，宣扬和贯彻儒家精神，其更主要的是把"四书"纳入到自己的理学轨道，用"四书"中的哲理作为构造自己整个思想体系的间架。从这个意义上说，《四书章句集注》不仅是儒家学说的大成，而且是朱熹儒学体系的基础。

朱熹几乎用了毕生精力研究"四书"。他在34岁时写成了《论语要义》，10年后又写成《论语正义》，之后又写《论语集注》《孟子集注》《论语或问》《孟子或问》。60岁时，他撰写《大学章句》《中庸章句》，之后还写了《大学或问》《中庸或问》。他在临去世前三日还修改《大学·诚意章》的注释。

030
文苑集成
古代文献与经典专著

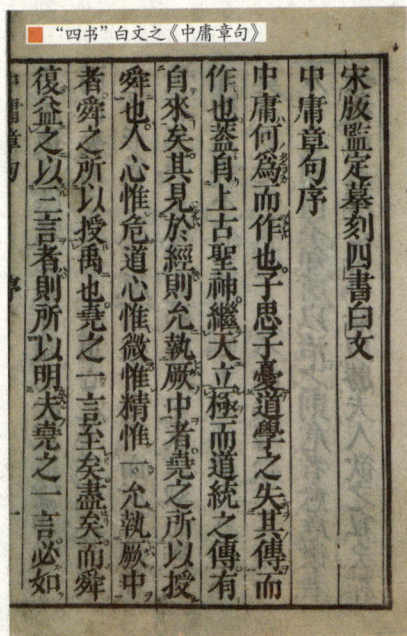

"四书"白文之《中庸章句》

"四书"经过朱熹的反复研究，颇为完整，条理贯通，无所不备。"四书"在南宋以后之所以能代替"五经"的权威，是与朱熹的努力分不开的。

《四书集注》被历代所推崇，1212年，宋宁宗把《论语集注》和《孟子集注》列入学官，作为法定的教科书。宋理宗于1227年下诏盛赞《四书集注》"有补治道"。

宋以后，元、明、清三代都以

《四书集注》为学官教科书和科举考试的标准答案。因此，理学成为官方哲学，占据着统治地位，而《四书集注》作为理学的重要著作，也被捧到了一句一字皆为真理的高度，对我国古代思想产生了深远、巨大的影响。

随着儒学在我国社会中定于一尊，历代学者纷纷为诸经作注解。其中，汉代及稍后的学者们做了大量的注释工作，人们称之为"注"或"笺"。

唐宋时期，由于时代久远，人们对汉代的注释也难于理解了，于是一些学者不仅注解经传的正文，而且对前人的旧注也进行解释和阐发，习惯上就称之为"疏"或"正义"。

历代解释"十三经"的著作很多。南宋以前，注和疏本来都是单独成书的，南宋时期始合刻在一起。

南宋绍熙年间，开始有了汇集唐宋之前最具权威性的"十三经"注、疏的合刊本，形成一整套经书及其注文，称为《十三经注疏》，后复有十行本。

到了明嘉靖时期，出现闽本《十三经注疏》，据十行本重刻；明万历间有监本，据闽本重刻；明崇祯时期有毛氏汲古阁本，据监本重刻。

由于明代的监本和汲古阁本，因辗转翻刻，讹谬百出，于是清初有了武英殿本。清嘉庆时期，著名学

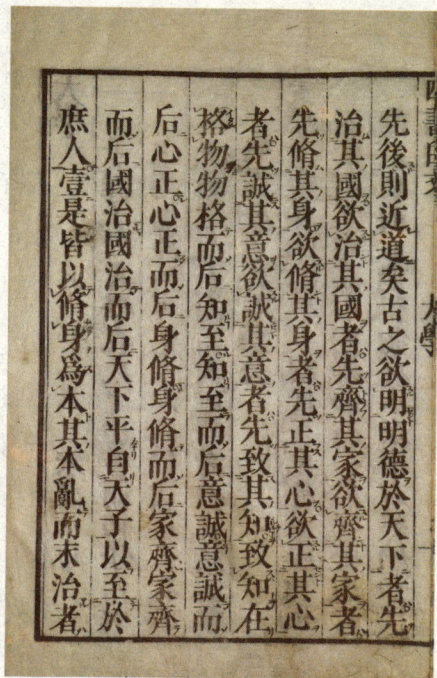

■ "四书"白文之《大学》

十三经　即《周易》《尚书》《毛诗》《周礼》《仪礼》《礼记》《春秋左传》《春秋公羊传》《春秋穀梁传》《论语》《孝经》《尔雅》《孟子》13部儒家著作，因为历代将它们尊为儒家经典，故称为"经"。

者阮元主持重刻《十三经注疏》，汇集宋本重刊，以十行本为主，并广校唐石经等古本，撰《校勘记》附于诸经卷末，号为善本，是历代最好的本子，素来为世人所看重。

清代的阎若璩也长于考据，著有《四书释地》6卷、《释地余论》1卷，校正前人关于古地名附会的错误，其他撰著尚有《潜丘副记》6卷、《毛朱诗说》1卷、《孟子生卒年月考》10卷等著述，其中以《尚书古文疏证》最为重要，是阎若璩的代表作。

《尚书古文疏证》共有4卷，清初著名经学家黄宗羲为之作序，后又续成4卷，共为8卷。原来仅有抄本流传，阎若璩逝世40年后，始由其孙学林刻于淮安，是为清乾隆年间刻本。

《尚书古文疏证》运用随心所欲、自相矛盾的方法来证明古文《尚书》之"伪"。这样一部"辨伪"著作，自问世以来一直受到学术界推崇，究其原因是由于疑古辨伪思潮的长期风尚；加之《疏证》又运用了多种写作手法，许多学者陈陈相因，给予其书一片喝彩声。

阅读链接

儒家文献"十三种"取得"经"的地位，经过了一个相当长的历史时期。

汉代以《易》《诗》《书》《礼》《春秋》为"五经"，官方将其立于学官。唐代有"九经"，也立于学官，包括《易》《诗》《书》《周礼》《仪礼》《礼记》和"春秋三传"。五代时蜀主孟昶刻"十一经"，排除《孝经》《尔雅》，收入《孟子》。南宋时《孟子》正式成为"经"，和《论语》《尔雅》《孝经》一起，加上原来的"九经"，构成"十三经"。

卷帙浩繁的历代丛书文献

在我国两宋时期，由于政府推行重文抑武的政策，作为最高执政者的皇帝身体力行，带头读书，赋诗撰文，使得全国上下形成了浓厚的文化氛围。

在这种氛围中，宋代的士大夫们勤于著述，图书编撰数量大大超

朱熹蜡像

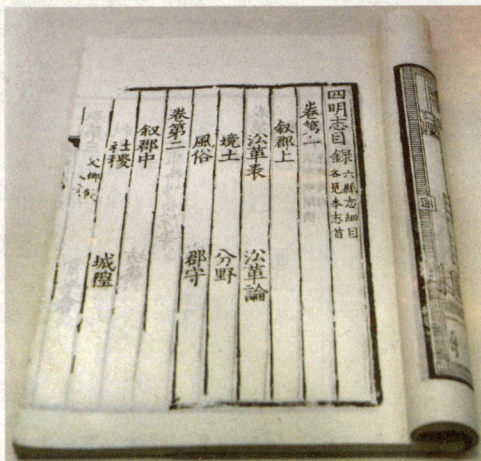
■ 南宋时期的书籍

扬雄（前53年—18年），字子云。西汉官吏、学者。西汉蜀郡成都（今四川成都郫县友爱镇）人。少年时好学，博览群书，擅长辞赋。王莽时任大夫，校书天禄阁。扬雄是继司马相如之后西汉最著名的辞赋家。正所谓是"歇马独来寻故事，文章两汉愧扬雄"，是对他最好的评价。

过前代，而且多有创新。北宋时期，编撰的史书都是前代的历史，而到了南宋时候，无论是官修与私撰，都十分重视当代史的修撰。南宋图书编撰在北宋的基础上更上了一层楼，在诸多方面都有了进一步发展创新。

南宋时期，政府专门设立一个以馆阁为主的完善的修史机构，负责编修本朝的起居注、时政记、日历、会要、实录、同史等。这些繁简不一、体例不同的当代史书，详细地记载了小到皇帝一言一行，大到国家方针大略制定的历史，为宋代士大夫私人修史提供了丰富的资料。

南宋中后期，因为有北宋与南宋前、中期官方编修的《国史》《实录》和《会要》，以及大量的北宋与南宋前、中期人的文集、笔记等，为那些家学渊源的史学家撰写当代史书提供了资料上的便利，导致私人修史和修撰当代史的风气盛行。

宋以前的史书虽然种类不少，但主要是编年和纪传两种。编年体以时为经，以事为纬，按年、月、日顺序记载史事。这样记虽然时间清晰，但遇到重大事件，从发生到结束，少则几天，多则数十年，这就容易使同一件事情首尾却被分散在好几卷书里，对读者了解整个事件过程造成困难。而纪传体以人物为中心，人物为纲、时间为纬。这就直接导致了一个涉及多人的事件，往往被反复记载数篇。

所以，到了南宋时候，为了更好更有效地弥补这种体例的不足，士人学子们开创了纪事本末体史书的新体例。同时，士人学子们还开创了将原传抄和刻印的单独著作，按照一定的体例汇辑在一起而冠以一个总名的丛书。

1201年，太学生俞鼎孙及其兄俞经编辑的我国第一部丛书《儒学警悟》，就是在那样的时代背景下编辑而成的。

《儒学警悟》将一些单独著作汇辑在一起，有利于图书集藏和保管，便于读者对图书的搜寻阅读，所以自问世后，很受欢迎，从此，编辑丛书蔚然成风。

当时，有个叫左圭的学者，他在阅读《儒学警悟》时，发现《儒学警悟》带有作者明显的个人倾向。为此，左圭便决定编辑一套不分派别、不限年代、搜采渊宏、体例完备，让阅读者能于学术得融贯之益，于原著无割裂之嫌，如百川之归海的书。

左圭历时70余年，终于在1273年编成了另一部规模较大的丛书《左氏百川学海》，简称《百川学海》。其书名取于汉代学者扬雄《扬子法言》"百川学海而至于海"，意为由众说之学派，而溯学海之渊源。

在编辑过程中，左圭按甲、

太学生 指在太学读书的生员，亦是最高级的生员。明朝、清朝时太学即国子监的俗称，内设祭酒、司业各一人为正副长官，其属有监丞、五经博士、六堂助教、学正、学录、典簿、典籍等学官掌教务。

士大夫 原指官吏或较有声望、地位的知识分子，通过竞争性考试选拔官吏的人事体制为我国所独有，因而形成了一个特殊的士大夫阶层，即专门为做官而读书考试的知识分子阶层。士大夫是我国特有的产物。

■ 古籍《儒学警悟》

儒学警悟

小品 就是小的艺术品。广义的小品包涵很为广泛，在散文中指篇幅较短的文学样式；狭义的小品泛指较短的关于说和演的艺术，它的基本要求是语言清晰，形态自然，能够充分理解和表现出各角色的性格特征和语言特征，最具代表性的是喜剧小品。

礼部尚书 我国古代官职。礼部南北朝北周始设，隋唐为六部之一，历代相沿。礼部最高长官礼部尚书是主管朝廷中的礼仪、祭祀、宴筵、学校、科举和外事活动的大臣，清代为从一品。

■ 古籍《容斋随笔》

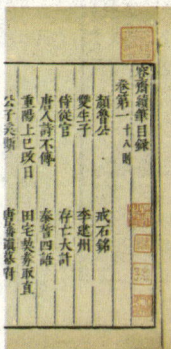

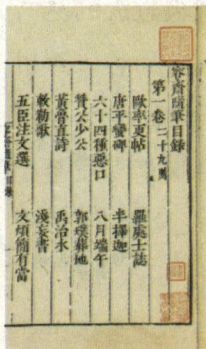

乙、丙、丁、戊、己、庚、辛、壬、癸把全书分成10集，每集收10种书，共收100种书，177卷。这套书中所收的图书大多是唐代和宋代人所著的记述掌故琐记、朝廷故事、遗闻逸事、典章制度和野史笔记，也有不少宋代人编撰的有关谱录、诗话和书法的著作，除此之外，还有少量两晋南北朝人的著作。

《百川学海》是我国刻印最早的一部丛书，虽然成书晚于《儒学警悟》70余年，但因其流传较为广泛，影响远远超过《儒学警悟》，故后世尊之为丛书之祖。后来明代的吴永之又有《续百川学海》《再续百川学海》《三续百川学海》。在此基础上，明代的冯可宾又编撰了《广百川学海》，分为10集，以十干标目。

宋代是我国古代笔记成熟期，宋代笔记中，原先的志怪传奇内容趋于淡化，注重现实成为主流，可以说，宋代笔记已是晚明小品的先驱。

此外，宋代笔记也开启了后世考据辨证笔记的先河。如洪迈《容斋随笔》、王应麟《困学纪闻》是其代表作。

洪迈生于1123年，南宋饶州鄱阳人，字景卢，号容斋，南宋著名文学家。作为一个勤奋博学的士大夫，洪迈一生涉猎了大量的书籍，并且养成了做笔记的习惯。在读书之际，每有心得，便随手记录下来，集40余年的成果，形成了丛书《容斋随笔》。

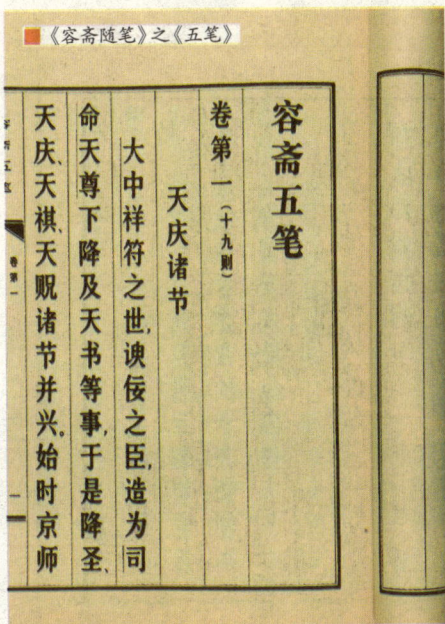

《容斋随笔》分《随笔》《续笔》《三笔》《四笔》《五笔》，共5集74卷。其中前四集各16卷，因书未成而作者过世，故《五笔》仅为10卷。

《容斋随笔》内容繁富，议论精当，是一部涉及领域极为广泛的著作，自经史诸子百家、诗词文翰以及历代典章制度、医卜、星历等，无不有所论说，而且其考证辨析之确切，议论评价之精当，皆备受称道。

《容斋随笔》最重要的价值和贡献是考证了前朝的一些史实，如政治制度、事件、年代、人物等，对历代经史典籍进行了重评、辨伪与订正，提出了许多颇有见地的观点，更正了许多流传已久的谬误。不仅在我国历史文献上有着重要的地位和影响，而且对于我国文化的发展亦意义重大，对后世产生了较为深远的影响，《四库全书总目提要》推它为南宋笔记小说之冠。

王应麟字伯厚，生于1223年，是南宋末年的政治人物和经史学者以及文字学家。其父曾任温州知州。王应麟从小受家父培养教育，中进士后21岁即任衢州主簿，受程朱学派王野、真德秀等人影响，任官

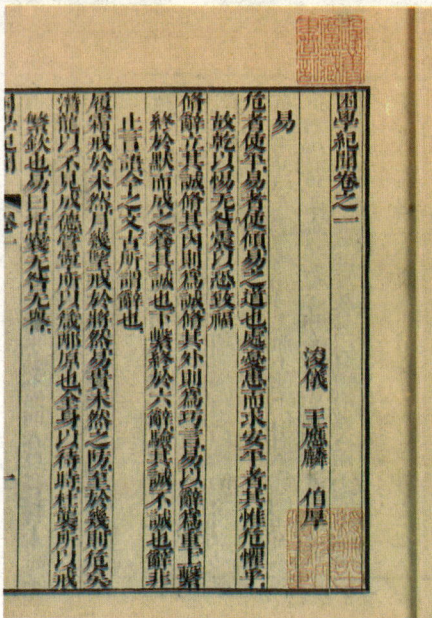

古籍《困学纪闻》

翰林院 初时为供职具有艺能人士的机构，唐朝始设。初唐玄宗选擅长文词的朝臣入居翰林起草诏制，后逐渐演变为草拟机密诏制的重要机构，任职者称为待诏，以备起草急诏。宋沿唐制设学士院，称翰林学士院。元设翰林兼国史院及蒙古翰林院。清设翰林院，置掌院学士两人，满、汉各一人，从二品。

同时勤于读经史，后官至礼部尚书兼给事中。

1276年宋亡后，王应麟在家乡隐居，讲述经史20年。其著作学甚多且学术价值甚高，其中《玉海》为百科全书式的著作，为其准备博学宏词考试时所整理的。《困学纪闻》是笔记类的著作，集合其大量经史研究的心得成果。《汉制考》为历史著作。《通鉴地理通释》是历史地理学的著作。《小学绀珠》则是关于文字学的著作。

《困学纪闻》采用笔记形式，分类编排，对文献典籍、学术渊源、文化现象，进行疏理、考证、鉴定与评介。凡说经8卷，天文、地理、诸子2卷，考史6卷，评诗文3卷，杂识1卷，共20卷。由此可见内容广博，凡属后学所当知当学的方方面面，均有所发明，有所创见，其文辞简约而道理融通，探奥穷源而真知洞见，成为学子视为珍宝的案头书。

后世历代治学者对《困学纪闻》极为重视，特别是清末民初以来从事古籍整理的专家学者，每每利用该书的原始资料与考据成果。

南宋刊刻丛之风在明代得到了蓬勃发展。明代著名学者解缙，自幼受到良好的教育，颖敏绝伦，有"神童"之称。他在18岁时参加江西乡试，名列榜首；次年，会试名列第七，选为庶吉士，读中秘书。

解缙初入仕时，深受明太祖朱元璋宠爱，常侍奉左右。一日，明太祖在大庖西室向解缙询问治国安邦良策，对解缙说："与尔义则君臣，恩犹父子，当知无不言。"

解缙遂日上万言书，剖切陈词。明太祖连连称赞解缙有安邦济世之奇才，治国平天下之大略。不久，解缙又献《太平十策》，再次陈述自己的政治见解，亦得明太祖赞许。遂官至翰林学士。

明太祖去世后，朱棣登上帝位，年号"永乐"，是为明成祖。自幼喜欢读书的明成祖为了实行文治，遂任命翰林院学士解缙为内阁首辅，下令由解缙领导编纂一部有史以来数量最多、种类最全、质量最好的大型图书。

明成祖希望编纂一部自有图书以来，包括经史子集、百家之书、包罗万象的大规模的丛书。然而一开始解缙并没有真正领悟明成祖编一部终极之书的意图，才一年工夫，和同事们就编成了这部把历代文献分门别类的书。

当解缙把这部名为"文献大成"的著作献上时，明成祖十分不满意，认为所纂尚多未备，过于简略，不符合他的原意，因此又下令大规模地予以修改充实，并增派太子少师姚广孝、礼部尚书郑赐等协同解缙为监修官，又从翰林院和国子监抽调

内阁首辅 首辅是明代对首席大学士的习称。明中期后，大学士又成实际宰相，称之为"辅臣"，称首席大学士为"首辅"，或称为"首揆""元辅"。清代领班军机大臣之权极重，亦称首辅。

■ 解缙立像

2000多名学者参加编写、校订、录写、绘图等工作。

解缙这才意识到，明成祖实际上是想借由这部大书的编纂，使意识形态高度集中到他指定的方向上来，以达到文治的目的。

接着，解缙便带领着这支由朝臣文士、宿学老儒组成的2.16万人的庞大的编纂队伍，重新开始了工作。经过3年寒暑，到1407年12月，这部名为《永乐大典》的皇皇巨著终于全部编成。

《永乐大典》收录上自先秦，下迄明初各种书籍七八千种，内容涵盖经史子集，以及天文、地理、阴阳、医术、占卜、释藏、道经、北剧、南戏、平话、工技、农艺、志乘等，共计11095册，22877卷，3.7亿字，全书被装订成11095册，仅目录就达60卷之多。

《永乐大典》纂成后，被放置在南京文渊阁的东阁。1421年明成祖移都北京，挑选了一部分藏书带到新都，《永乐大典》在正统年间正式被放置在文楼中。

在明代皇帝中，明世宗嘉靖皇帝最喜爱《永乐大典》，平时在案头上常备几册大典以供随时翻阅。1557年宫中发生大火，三大殿都被烧毁。火势蔓延，很快便危及文楼中的大典。明世宗连夜下了3道金牌，令人把大典及时抢救出来。

为防止今后再遭受类似的祸患，明世宗便萌生了重录大典的想法，并同大臣徐阶反复商议此事，最终完成了重录工作。

自明成祖朱棣以皇家名义组织辑成《永乐大典》后，民间富学力之士纷起效仿，乃至明代出现私家撰著丛书盛行的文化现象。如通州学者撰著的大型丛

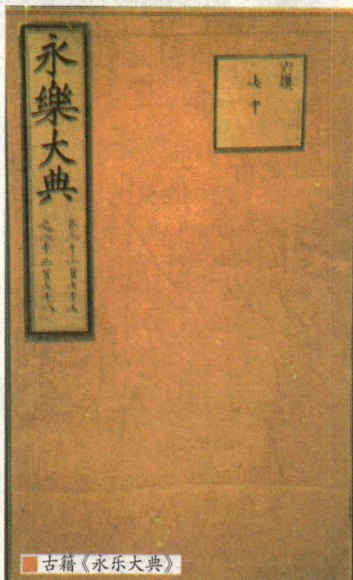

古籍《永乐大典》

书就有两部：曹大同的《艺林花烛》160卷和彭大翼的《山堂肆考》240卷。但只有后者得以流传后世。

1595年，彭大翼历经40余年的博览群书，采集辑录，终于完成了大型丛书《山堂肆考》，并由周显金陵书林刊印。

《山堂肆考》以其洋洋260余万字的鸿篇巨制，在我国古代私家撰述的众多丛书中确实出类拔萃。该书采集宏富，内容浩博，门类繁杂。经史子集、释经道藏，无所不及。

《山堂肆考》全书分宫、商、角、徵、羽5集，共45门：每门又分子目若干，每一子目有小序一篇，述其内容、范围、沿革等，下录引文，或标书名。剪裁得当，浅显易懂。

到了明万历年间，在宰相张居正和申时行等人的大力改革下，经济得以快速增长，出现了"万历盛世"的繁华景象。在经济发展的同时，各种文化思想如雨后春笋般拔出地面，丛书也在这个时期得以蓬勃发展。

当时有个叫何镗的人，为人刚直，在任进贤知县期间，很有政声。后来，何镗又晋升为开封府丞、潮阳知县、江西提学金事等职。

何镗崇尚理学，勉励读书。他在读书研习的过程

■ 古籍《山堂肆考》

张居正（1525年—1582年），字叔大，号太岳。明代政治家、改革家。明神宗万历初年，张居正代首辅。当时明神宗年幼，张居正得到当时摄政的神宗生母李太后的完全信任，一切军政大事均由他主持裁决，前后当国10年，实行了一系列政治经济改革措施，收到一定成效。

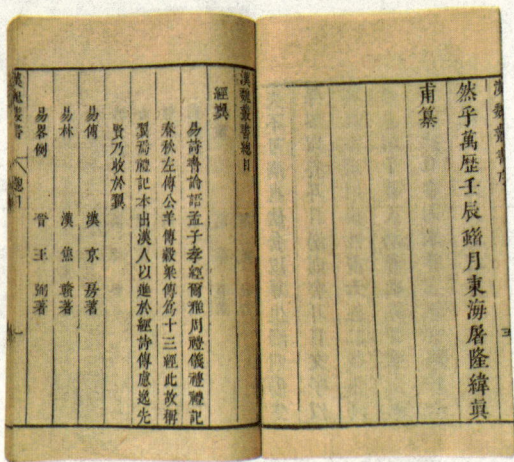
古籍《汉魏丛书》

文苑集成

古代文献与经典专著

布政使 明太祖洪武初年罢元代的行中书省，至明宣宗时，除南北两京外，分全国为十三承宣布政使司，每司设左、右布政使各一人，为一省最高行政长官。后为加强统治，设置总督、巡抚等官，布政使权位乃轻。

中，发现古代书籍由于时代变迁而发生的散佚现象非常普遍，感到非常痛心，便立志于从事对亡佚之书的辑佚整理工作。

后来，何镗在任云南参政间以亲老乞归养获准。他在家亲老期间，政府又升任他广东按察使和河南布政使，他均未赴任，而是在家闲居著书，先后编成《古今游名山记》和《中州人物志》，并撰有《修攘通考》《翠微阁集》等。

由于明代丛书刊刻之风盛行，于是，何镗别出心裁地专辑了一套以汉魏时期的旧作为主，间有南北朝时晋、梁、陈人以及隋人的著作的丛书，并以这一时期冠名为《汉魏丛书》。

《汉魏丛书》的内容主要是汉魏及两晋南北朝的古经逸史、稗官野乘之作。何镗编辑完成后并没刊行。直到1592年，藏书家程荣得到此书后，才选刊了其中的38种。10年后，藏书家何允中将《汉魏丛书》分为经翼、别史、子余、载籍四部刊行，名为《广汉魏丛书》。

《汉魏丛书》内容大多是古经逸事、稗官野史等。这部丛书子目38种，计251卷，以编校细、篇目全、刻印精，成为古代大型出版丛书之祖及著名的精善本。

《汉魏丛书》是我国第一部名副其实的综合性丛书，也被誉为"开创古代大型出版丛书之始祖"。自《汉魏丛书》出版后，许多学人纷纷涉足考据学、目录学、文献学等领域，开拓性地对编纂类书、丛书进行研究。一时间，整理、刻印古代典籍蔚然成风。

明代丛书的大量出现，促成了清代历史的新发展。清代学者朱筠早年任翰林院编修，后被授予贵州都匀知府，未及赴任，即以四品服留任，后又擢升为侍读学士。

朱筠任安徽学政时，遂刊布宋版《说文解字》，并意识到"六书"之学的重要性：

六书 指象形、指事、形声、会意、转注、假借。汉代学者把汉字的构成和使用方式归纳成6种类型，总称六书。六书是后来的人把汉字分析而归纳出来的系统。然而，有了六书系统以后，人们再造新字时，都以该系统为依据。

六书者，所以辅史而通经，其道大，非独一端而已。

朱筠在诲导士子时，特别指出"六书"为研究古学的入门之径。此说一出，遂为学者认同，流风所向，士子因多有通"六书"及注疏家言者，学风为之一变。

此时正是清乾隆皇帝在位期间，乾隆帝下诏向天下广求遗书，以昭示盛世文治之意及自己对载籍的重视，并为士人指明了为学应有的态度和方法。而朱筠这种以经义古学为宗尚的取向，正好顺乎时代潮流。正是在此背景之下，朱筠遂上一则《购献遗

经典文库

文献集成

■ 古籍《说文解字》

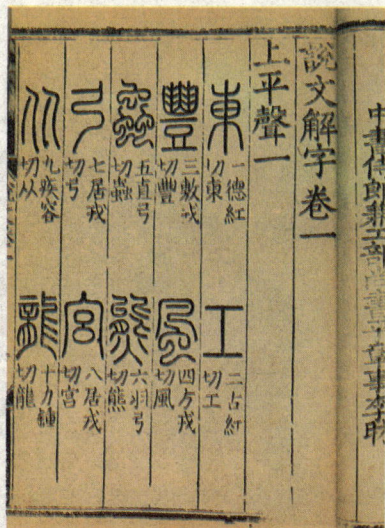

文苑集成

古代文献与经典专著

"四书" 指的是《论语》《孟子》《大学》和《中庸》，其中，《论语》《孟子》分别是孔子、孟子及其学生的言论集，《大学》《中庸》则是《礼记》中的两篇。南宋著名学者朱熹首次把它们编在一起，因为它们分别出于早期儒家的四位代表性人物孔子、曾参、子思、孟子，所以称"四子书"，简称为"四书"。

书折子》以示对皇帝之谕的积极响应。他还上有一则《谨陈管见开馆校书折子》，阐发了自己对购求遗书事宜的看法。

朱筠的建议得到皇上的肯定和采纳。不几日，清乾隆皇帝即下命开馆校核《永乐大典》，接着便诏令将所辑佚书与"各省所采及武英殿所有官刻诸书"，汇编在一起，名曰《四库全书》。

1772年征书开始，次年二月，《四库全书》正式开始编修，以大学士纪晓岚、陆锡熊、孙士毅为总纂官，编修陆费墀为总校官，下设纂修官、分校官及监造官等400余人。

在纪晓岚、陆锡熊、孙士毅等人的领导下，把其中"经部"分为"易、书、诗、礼、春秋、孝经、五经总义、四书、乐、小学"10类。

"史部"分为"正史、编年、纪事本末、别史、

■ 纪晓岚蜡像

杂史、诏令奏议、传记、史钞、载记、时令、地理、职官、政书、目录、史评"15类；

"子部"分为"儒家、兵家、法家、农家、医家、天文算法、术数、艺术、谱录、杂家、类书、小说家、释家、道家"14类；

"集部"分为"楚辞、别集、总集、诗文评、词曲"5类。全书共44类。

考虑到这部书囊括古今，数量必将繁多，总纂官纪昀、陆锡熊等便提出分色装潢经、史、子、集书衣的建议。书成后它们各依春、夏、秋、冬四季，分四色装潢，即经部绿色，史部红色，子部月白色，集部灰黑色，以便检阅。

为了保存这批经典文献，由皇帝"御批监制"，从全国征集3800多文人学士，集中在京城，历时10年，用工整的正楷抄书7部，连同底本，共8部。虽然9部书由数千人抄写，但字体风格端庄规范，笔笔不苟，如出一人。

为了存放《四库全书》，清乾隆皇帝效仿著名的藏书楼"天一阁"的建筑建造了南北七阁。分别将这8部书分藏在"北四阁"和"南三阁"。七阁之书首尾都钤有玺印。

在编纂《四库全书》的过程中，为了便于阅读，清乾隆皇帝还下诏编了《四库全书荟要》《四库全书总目》《四库全书简明目录》《四库全书考证》《武英殿聚珍版丛书》等书。

《四库全书荟要》是《四库全书》的精华，收书473种、19931卷。《四库全书总目》200卷是《四库全书》收录书和存目书的总目录。《四库全书简明目录》20卷是《四库全书总目》的简编本，它不列存目书，只列《四库全书》收录的图书，每种书的提要也写得比较简单。《四库全书考证》100卷是四库馆臣对应抄，应刻各书校勘字句的记录汇编。《武英殿聚珍版丛书》是用木活字印成的。

《四库全书》是清乾隆皇帝亲自组织的我国历史上一部规模最大的丛书。据文津阁藏本，该书共收录古籍3503种、79337卷、装订成3.6万多册，约10亿字。《四库全书》整理、保存了一大批重要典籍，开创了我国书目学，具有无与伦比的文献价值、文物价值与版本价值。

在此之后，清代乾隆、嘉庆年间的藏书家鲍廷博父子又刊刻了丛书《知不足斋丛书》全书30集，其前27集由鲍廷博所刻，后3集由其子鲍士恭续刻。共收书208种，含附录12种。后来还有《续知不足斋丛书》和《后知不足斋丛书》等，最大限度地保存了一批重要古代典籍。

阅读链接

清代文献如《古今图书集成》《四库全书》等，可以称为中华传统文化最丰富最完备的集成之作。我国后世的文、史、哲、理、工、农、医，几乎所有的学科都能够从中找到它的源头和血脉，几乎所有关于我国的新兴学科都能从这里找到它生存发展的泥土和营养。

从清代开始，作为国家正统、民族根基的象征，这些文献已成为我国乃至东方读书人安身立命梦寐以求的圭臬。堪称我国历史上的"传国之宝"。

古代文献与经典专著

科技专著

在浩如烟海的我国古代文化典籍中，科技专著所占比例虽然不大，但记载着我国古代科学技术的辉煌成就，堪称一朵奇葩。

我国古代科技源于生活，生活需要各种实用技术，而古代科学家的探索精神是古代科技发展的重要因素。他们的专著包括古代医学著作、历代天文历法专著、历代农学专著、历代地理专著和工艺科技专著等，其所记载的我国古人引以为豪的发明创造，多是对生产经验的直接记载或对自然现象的直观描述，无不带有鲜明的实用性，极大地推动了我国古代文明的发展。

天文图

太极未判天地人三才函於其中謂之混沌元者言未有天地人渾然

而未分也太极既判輕清者為天重濁者為地清濁混者為人輕清

者象也重濁者形也形氣合者人也故凡氣之發見於天者皆太

極中自然之理道而分而為日月分而為五星列而為二十八舍會而為

斗極莫不皆有常理與人道相應可以理而知今略舉其槩繫

列之于下天體圓地體方圓者動方者靜天包地地依天天體周圍

分也天之

分度之

十一度

幾一度

度之一

十五分

三即百之

度一百二

分度之三

百分四分

四分度之

百分中二

中七十五

十五度四

徑一百八

旋束出地

上西入地下動而不息一晝一夜行三百六十六度四分度之一

緯日東行一度故天左旋三日六十六度然後日復出於東方地

體徑二十四度其厚半之聲傾

東南其西北之高不過一度鄒衍謂水火土石合而為地今所謂徑

二十四度者乃土石之體爾土石之外水接於天皆為地體之徑

亦得一百二十一度四分度之三也兩極南北上下極是也北高而

南下自地上觀之忱極出地上三十五度有餘南極入地下亦三十

关注健康的历代医学著作

在神话时代的神农氏时期，当时的人们没有多少东西可吃，靠捋草籽、采野果、猎鸟兽维持生活。有时吃了不该吃的东西，中了毒，重时就被毒死。人们得了病，不知道对症下药，只能遭受病痛的折磨。神农氏为这事很犯愁，决心尝百草，定药性，为大家消灾祛病。

神农氏为疗救民疾，他尊当时名震天下的医生岐伯为老师，称其

神农画像

为"天师"，他们经常在一起研讨医学问题，后来留下了宝贵的医学著作《黄帝内经》，这是我国最早的医学著作，后人也称之为"岐黄之术"。

《内经》因是后人假托黄帝所作，故又称《黄帝内经》。实际上，这部医学经

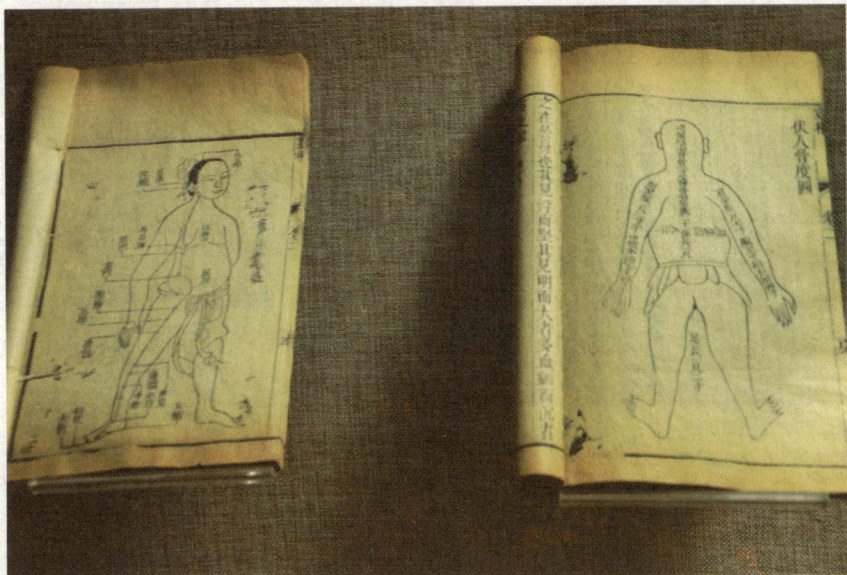

典并非出自一人之手，而是许多医学家长期积累的成果，它大约成书于战国时期。

■ 古书籍《黄帝内经·素问》

《黄帝内经》包括《素问》和《灵枢》两大部分，《灵枢》又称《针经》。《素问》和《灵枢》各有9卷81篇，合为80卷，126篇。

《黄帝内经》在我国古代哲学思想阴阳五行学说的指导下，全面而系统地论述了人体生理学、病理学、病因学、诊断学等，介绍了内科、外科、儿科、妇科等310种病候，以及对这些疾病应采取的汤液、针灸、按摩等治疗方法。

《内经》还提出了用解剖方法探求病理的主张，并强调以防病为主的医疗思想。已经不是消极的治病，而是积极地注意身体保健和疾病的预防了。

《内经》是一部包括丰富的医学理论和临床实践经验的古典医学著作，反映了我国古代医学发展的成

阴阳五行学说

我国古代朴素的唯物论和自发的辩证法思想。这种学说认为世界是物质的，物质世界是在阴阳二气作用的推动下滋生、发展和变化；并认为木、火、土、金、水5种最基本的物质是构成世界不可缺少的元素。

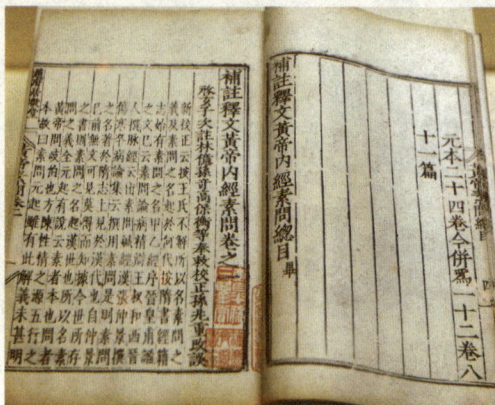
■ 古籍《黄帝内经》

就，在我国医学史上和世界医学史上都占有重要的地位。《内经》为祖国医学的学术理论体系奠定了广泛的基础，对促进后世医学的发展起了重要作用。

到了秦汉时期，由于内外交通日益发达，"丝绸之路"开通，西域等少数民族地区、南海等边远地区以及东南亚等地的药材源源不断输入内地，并逐渐为内地医家所采用，大大丰富了当时人们的药物学知识。

秦汉以来，药物学知识又有了新的积累和发展。西汉初期曾流行过药物学专著，《史记·仓公传》提到的古代医药书中就有《药论》，还有传说的《子仪本草》。

用药经验的积累，以及药物学知识的日益丰富，需要专人进行整理和研究。因此，西汉朝廷就已开始召集专人整理、研究和传授本草学。加之秦汉时临证医学的迅速发展，对药物学也要求相应发展，正是在这样的历史背景下产生了《神农本草经》一书。

《神农本草经》全书3卷，共收载药物365种，采用上品、中品、下品分类法，以补养无毒药120种为上品，以遏病补虚、有毒或无毒的120种为中品，以除邪多毒药125种为下品，这是我国药物学最早、最原始的药物分类法。

《神农本草经》在药物理论方面，概括记述了君

君臣佐使 原指君主、臣僚、僚佐、使者四种人分别起着不同的作用，后指中药处方中的各味药的不同作用。君指方剂中针对主证起主要治疗作用的药物。臣指辅助君药治疗主证，或主要治疗兼证的药物。佐指配合君臣药治疗兼证，或抑制君臣药的毒性，或起反佐作用的药物。

臣佐使、七情和合、四气五味、阴阳配合等，并且明确了"疗寒以热药，疗热以寒药"的原则，使药物性能与病机更紧密地结合起来，完善了中医学的治疗理论。对药物功效、主治、用法、服法都有一定论述，很便于临床应用。

《神农本草经》中提出了配伍宜忌的观点。所载主治病症约170余种，包括内、外、妇、儿、五官等各科疾患。另外，还注意到药物的产地、采集时间、炮制、质量优劣和真伪鉴别等。

《神农本草经》包含了许多具有科学价值的内容，而所反映出的当时我国医学通过大量实践积累起来的对药物的认识，是很了不起的。《神农本草经》对秦汉以前零散的药物知识进行了第一次系统的总结，历来被尊为药物学的经典著作，并被注释发挥。

与《神农本草经》同时产生的还有张仲景的《难经》。张仲景于150年正月十八日出生在一个没落的官僚家庭，其父张宗汉曾在朝为官。由于家庭条件的特殊，张仲景从小就接触了许多典籍，他从史书上看到了扁鹊望诊齐桓公的故事后，对扁鹊产生了敬佩之情，从此发誓成为扁鹊那样的名医。于是张仲景从小爱好医学，"博通群书，潜乐道术。"当他10岁时，就已读了许多书，特别是有关医学的书。

扁鹊（前407—前310年），姬姓，秦氏，名越人，又号卢医，春秋战国时期名医。春秋战国时期渤海郡郑，今河北沧州市任丘市人。少时学医于长桑君，得其真传医术禁方，擅长各科。在赵为妇科，在周为五官科，在秦为儿科，名闻天下。他奠定了中医学的切脉诊断方法，并开启了中医学的先河。

051

文明薪火

科技专著

■ 张仲景石像

张仲景经过多年的刻苦钻研和临床实践，医术提高很快，同时搜集了许多治病的验方，成为一方有名的良医。

《难经》是在《内经》理论基础上释难解疑，其成书显然在《内经》之后。因张仲景《伤寒杂病论·序》已提到"八十一难"的名称，而《隋书·经籍志》载本书亦言有三国时的注本，一般认为约成书于西汉时期。

《难经》以假设问答、解释疑难的方式编纂而成，全书共讨论81个问题，故又称《八十一难》，简称《难经》。全书所述以基础理论为主，还分析了一些病证。其中1至22难论脉，23至29难论经络，30至47难论脏腑，48至61难论病，62至68难论穴位，69至81难论针法。

《难经》全书内容简要，辨析亦颇精微，在中医理论、针刺以及诊断学上颇多贡献，对后世中医的发展产生了不小的影响。

此外，张仲景还完成了《伤寒杂病论》16卷。这部医书熔理、法、方、药于一炉，开辨证论治之先河，形成了独特的我国医学思想体系，对于推动后世医学的发展起了巨大的作用。

古籍《难经》

《伤寒杂病论》中制定了22篇、397法，立113方，从其记载的内容可以知道，我国医学早在2世纪时，经过医学家张仲景的实践和总结，已能正确使用解热药、导泻药、利尿药、催吐药、镇静药、兴奋药、健胃药、截疟药、止痢药等，其中多数方药已由后世科学证实它的疗效可靠。

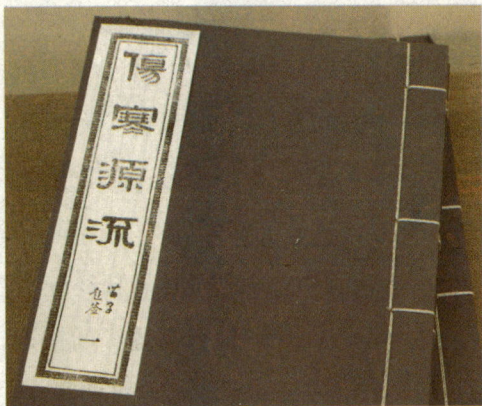

■《伤寒杂病论》

在《伤寒杂病论》中，张仲景还提出"舍脉从证，舍证从脉"的灵活辨证方法，在讨论治疗中要根据病情的标本缓急，运用先表后里、先里后表以及表里兼治的方法，并对治疗的禁忌，以及针灸综合疗法，都有所论述。

张仲景所确立的"辨证论治"原则，是祖国医学伟大宝库中的灿烂明珠，从而使中华民族的医学独具特色而自立于世界民族之林。

张仲景的学生王叔和曾任三国魏的太医令，他在临证实践中体会到了脉诊的重要性和复杂性，"脉理精微，其体难辨""在心易了，指下难明"，所以他选取《黄帝内经》《难经》及扁鹊、华佗、张仲景等人的有关著述，编著成《脉经》一书。

《脉经》全书共10卷。原有"手检图三十一部"，后世亡佚。本书经宋代林亿等校订后，卷数未变，而篇次和内容有所更动，后世有多种刊本印行。

太医令 西汉太常及少府之下均设有太医令、太医丞。属太常者，为百官治病；属少府者，为宫廷治病。东汉少府属下设太医令。隋唐在太常之下设太医署，有置令和丞等职，太医令掌医疗之法，丞为助手。宋代医务机构甚多，有太常寺属下的太医局，翰林医官院、御医院等，宋徽宗时又设惠民局，广传医方及施诊。

脉象 中医诊断学名词。脉动应指的形象。包括频率、节律、充盈度、通畅的情况、动势的和缓、波动的幅度等。脉象的形成，与脏腑气血关系密切，故不同的脉象可反映出脏腑气血的生理及病理变化。

《脉经》把脉象分成24种，即浮、芤、洪、滑、数、促、弦、紧、沉、伏、革、实、微、涩、细、软、弱、虚、散、缓、迟、结、代、动。基本上概括了临床上经常出现的一些脉象，后世脉象种数虽有增加，但基本不出其左右。

同时《脉经》中还对各种脉象作了比较形象具体、容易理解的描述，这就使学习者易于理解和掌握，王叔和可谓在脉学中做此类工作的第一人。

《脉经》集汉以前脉学之大成，总结了3世纪以前的脉学知识，并充实了新的内容，使脉学理论与方法统一化、系统化、规范化，并保存了一部分古代诊断学的文献资料。

三国之后的魏晋时期，西晋医学家皇甫谧搜求古典医籍，遥宗古人妙术，除著有《依诸方撰》等之外，主要有《针灸甲乙经》12卷，作为第一部针灸学专著流传后世，在我国医学史上产生了深远的影响。

《针灸甲乙经》是一部汇编性著作，它是根据《黄帝内经·素问》《针经》《明堂孔穴针灸治要》3部书的内容编纂而成的。皇甫谧认为"三部同归，文多重复，错互非一"，于是"除其重复，论其精要，至为十二卷"。主要目的则在于便于学

■ 古籍《针灸甲乙经》诸穴法图

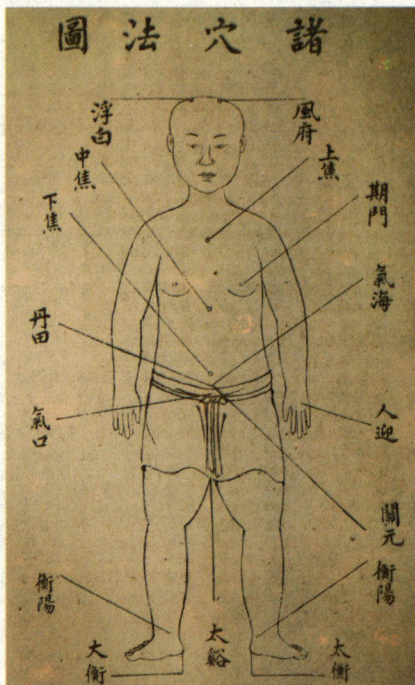

文苑集成

古代文献与经典专著

习，便于应用。

《针灸甲乙经》的128篇内容可大致分为两大类：第一类论述人的生理功能、人体经脉、骨度、肠度及胃肠所受、俞穴主治、诊法、针道、生理病理等；第二类则为临床治疗部分，包括内外妇儿各科，尤以内科为重点。

《针灸甲乙经》中关于针刺操作手法，从理论到具体操作要领，均作了比较具体的叙述，既具有对前代经验的总结性，又富有一定的创造性，无论从文献学价值和指导后世针灸发展都有着重大的意义。

■葛洪画像

《针灸甲乙经》的著成，对于我国针灸学的发展起到了极大的促进作用，宋、金、元、明、清重要针灸学著作基本上都是在本书的基础上来完成的。国外早已有本书的英译本，对国外针灸学的发展也有重要的影响。

继《针灸甲乙经》之后，东晋时期的葛洪编著了著名的医学著作。葛洪是江苏句容人，曾拜南海太守鲍靓为师。鲍靓精于医药和炼丹的技术，他见葛洪虚心好学，年轻有为，就把所掌握的技术毫无保留地传授给他。葛洪后来修道于茅山抱朴峰，因此自号抱朴子，隐居于广东罗浮山中，专事炼丹制药及文学著述，直至终年。

葛洪编著医书，先成《玉函方》即《金匮药方》

文明薪火

科技专著

太守 原为战国时代郡守的尊称。西汉景帝时，郡守改称为太守，为一郡最高行政长官。历代沿置不改。南北朝时期，新增州渐多。郡之辖境缩小，郡守权为州刺史所夺，州郡区别不大，至隋初遂存州废郡，以州刺史代郡守之任。此后太守不再是正式官名，仅用作刺史或知府的别称。

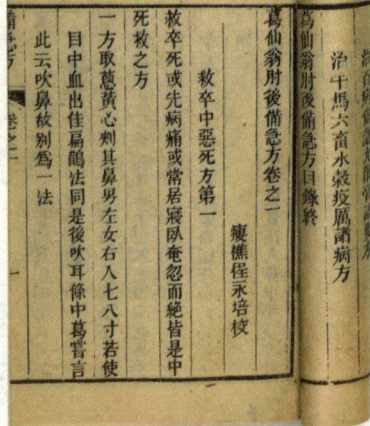

古籍《肘后备急方》

100卷，以篇幅之宏大，为集医疗经验之大成的巨著。然而，由于《玉函方》卷帙浩繁，不便携带，率急之际，难于速寻，所以葛洪又仿前人作《备急方》的体例，采《玉函方》之要约精华，编成了《肘后救卒方》3卷，又名为《肘后备急方》。"肘后"二字，意思是可挂于臂肘，比喻其携带方便，而书名《肘后备急方》，则与后世所说的《急救手册》甚为相似。

葛洪的《肘后救卒方》为救急而作，所以其中选方务求简、验、用药亦多择易得、廉价之品，尤宜于穷乡贫户急病所用。如此全以病者为虑，精神委实可嘉。

《肘后备急方》虽然是一部手册性质的医著，但其内容总结了我国晋以来医疗发展方面许多先进成就，有的还是十分突出的。例如急性传染病的记述，包括多种流行性传染病、疟疾、痢疾、狂犬病、结核病、丹毒、恙虫病等。

《肘后备急方》在流传过程中，经南北朝时期南朝梁著名医药家陶弘景增补为《补阙肘后百一方》，后又经金代杨用道增补为《附广肘后备急方》，成为后世广为流传的本子。

《肘后备急方》共8卷，其内容主要是一些常见的病症的简便疗法，包括内服方剂、外用、推拿按摩、灸法、正骨等一些十分实用的内容。这部书虽号"肘后"，却包含相当多宝贵的医学史料实用的方剂方法，有不少医学史上的重要发明发现，对后世的医疗实践具有重要的启示作用。

至隋代，我国医药学又有了显著的进步。隋炀帝时的著名医学家巢元方主持编撰的《诸病源候论》是标志性成果。

巢元方曾任太医博士。他与同道奉隋炀帝之诏，在前人积累的大量资料的基础上，共同编撰了一部总结疾病的病因、病理、证候的医学基础理论巨著《诸病源候论》，这是我国历史上第一部系统论述病因证候的专著。

《诸病源候论》全书共50卷，分67门，载列证候1700余条，分别论述了内、外、妇、儿、五官等各科疾病的病因病理和证候，一般并不论述疾病的治疗，但也有很少一部分疾病讨论了诊断、预后，以及导引按摩、外科手术为主的一些治疗方法和步骤。

《诸病源候论》在我国医学上所取得的成就与贡献，突破了前人的病因学说。巢元方等在病因学说方面，有不少创造性见解，对有些疾病，突破了笼统的"三因"传统说法，丰富了祖国医学的病因学说。

《诸病源候论》虽然是探讨病因证候的专著，但也叙述了不少有关治疗创伤的外科手术方法和缝合理论等。这些创造性的成就，说明了我国外科手术治疗在继承汉晋以来所取

导引 亦作"道引"。导气令和，引体令柔的意思。是修炼者以自力引动肢体所做的俯仰屈伸运动，是以锻炼形体的一种养生术，属气功中之动功。人体应适当运动，通过运动，可以帮助消化，通利关节，促进血液循环，达到祛病延年的目的。

057
文明薪火

■ 重刊巢元方《诸病源候论》

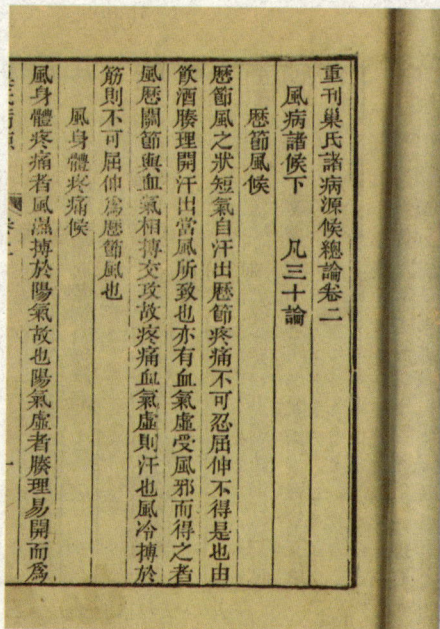

■ 名医孙思邈画像

单方 追溯人类用药的历史，是以用单味药也就是单方用药开始的。随着人们对药物认识的不断深化和对病因病机理解的逐步提高，才逐渐将药物配伍使用。复方用药数量较多，药效较强，多用来治疗较复杂的病证。又可称为重方。

得的成就的基础上，在隋代又有了新的进步，达到了更高的水平。

到了唐代，唐京兆华原之地于581年诞生了我国历史上著名的医学家孙思邈。他自幼天资聪敏，治学精勤，善言老庄，喜好释典，通经史，知百家，是集佛、道、儒三教于一身的饱学之士。

在行医的同时，孙思邈勤奋地钻研古代名医的著作，寻求民间的治病经验，往往因为一个单方、一味药物、一种炮制方法等，不远千里虚心向人请教。因此，他的医疗技术得到了不断的提高，至此以后医名鹊起。

孙思邈鉴于古代诸家医方散乱浩博，求检至难，便博采群经，勤求古今，删裁繁复，以求简易，撰方一部，凡30卷，"以为人命至贵，有贵千金，一方济之，德踰于此"，故名曰《备急千金要方》。

《备急千金要方》约成于652年，孙思邈当时年约70岁。书成后，孙思邈仍时时感其不足，继续努力，又集30年临床经验，作《千金翼方》30卷以补《千金要方》之不足。两书合而为我国唐代最有代表性的医药学著作。

孙思邈是一位精通诸科、技术全面的临床大家，尤为重视妇科和儿科。《千金方》中先论妇人、小儿，后论成人、老者，强调妇人和小儿患病不同于男子和成人而各具特殊性，主张妇产和小儿应独立设科。两部《千金方》中妇产科内容达7卷之多，对胎前、产后、月经不调、崩漏、带下等妇产科疾病的防治进行了系统的阐述。

到了两宋时期，由于我国印刷术的改进和造纸术的进步，给医药学书籍的大量印刷创造了良好的条件。宋代政府从全国征集到大批医药古典书籍，其中不少由于千百年辗转传抄，以及战火、虫蛀、脱简等原因，已经散乱或残缺不全了，迫切需要进行一次系统的校勘和整理。因此，宋政府采取了许多积极措施，使这一重要事业得以顺利进行，并取得了十分显著的成就。

971年，皇帝发布了《访医术优长者诏》以集中著名医学家；981年发布了《访求医书诏》，大量"购求医书"，并明确规定凡献书在200卷以上者，均给奖励；1026年，宋政府又下令全国，再次征集医药书籍，并令医学家、目录学家于国家图书馆内予以整理。

据《宋史·艺文志》等所收载的医药卫生保健书目达590部，3327卷之多。这些措施使国家藏书在多年战乱之后，又达到了更加丰富的水平。

982年，宋太宗赵光义下诏翰林医官院向全国征集有效医疗处方，又得到各医学家应用之效验方

简 简牍是古代书写有文字的竹片或木片。其中竹制的叫竹简或称简策，木制的叫木牍或简称牍，合称简牍。由于竹简的数量较多，有时也通称作"简"，其实是包含了木牍在内的意义。先秦简牍，多用古文、篆文，秦始皇统一中国后，通行隶书，字体变圆为方，于是公文、信函多用隶书。

■ 宋代医书《备急千金要方》

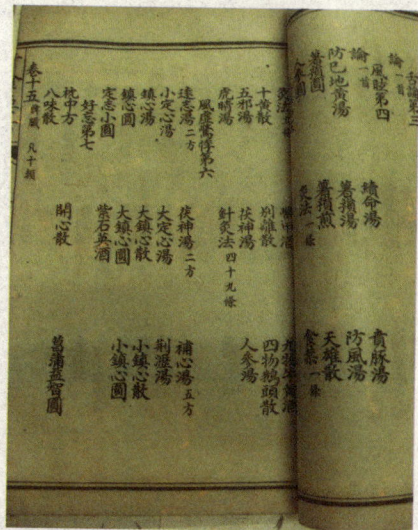

偏方 也就是单方验方。指药味不多，对某些病证具有独特疗效的方剂。数千年来，在我国民间流传着非常丰富、简单而又疗效神奇的治疗疑难杂症的偏方、秘方、验方，方书著作也浩如烟海。偏方一般没有被正式药典所收载，但是慎用有时能取得较好的疗效。

■ 传统医书典籍

或家传效验方万余首，遂命尚药奉御王怀隐等编《太平圣惠方》。

992年，编成《太平圣惠方》100卷，宋太宗御制序文，并经政府刻本刊行。此书分为1670门，收载医方多达1.68万首，内容颇为丰富。每一门类均以《诸病源候论》的病因、病理和证候等医学理论为纲，其后附录所汇集的有效方药，是一部理论联系实际，具有理、法、方、药完整体系的医方著作，很有临床实用价值，影响极大。

《圣济总录》则是宋代最大的一部方书。它是宋徽宗时由政府组织医学家广泛征集历代方书和民间有效偏方，于1111年开始，历时7年编成的。

《圣济总录》共200卷，分为60门，载方约2万首，对前代方书几乎囊括无遗。该书每门之下分列若干证，每证之首，先论病因病理，次述治法方药，综

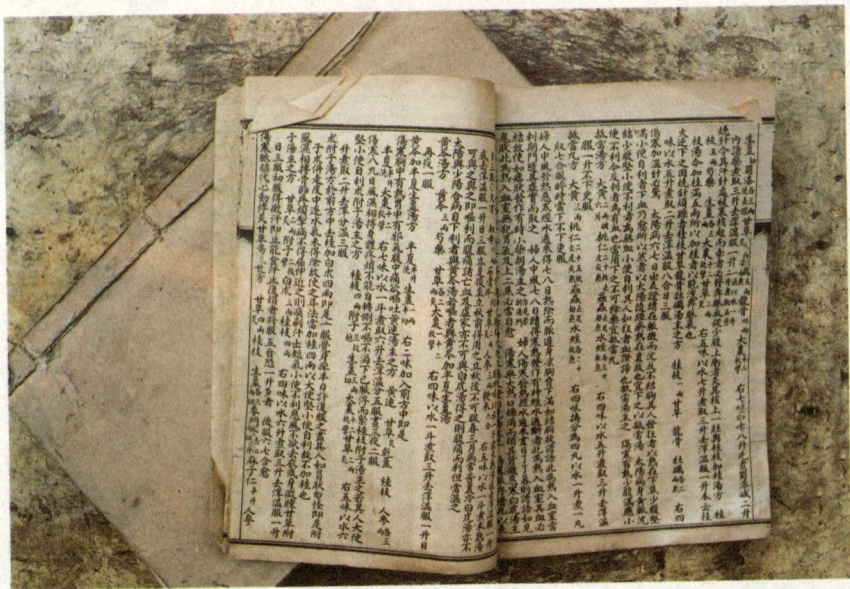

括内、外、妇、儿、五官、正骨等13科，内容极为丰富。

此外，宋代由于人体解剖学有了进一步的发展，还出现了两种解剖图谱，即吴简的《欧希范五脏图》和杨介的《存真图》，这是当时人体解剖学的标志性著作，对后世产生了很大影响。

我国金元时期，医学界产生了许多流派，在学术上争鸣，最具代表性的有刘完素、张从正、李东垣和朱震亨，被称为"金元四大家"。他们的产生与宋代医学理论和实践的丰富与革新思想有关。

■ 张从正画像

刘完素一生著述较多，主要有《黄帝素问宣明论方》《素问玄机原病式》《内经运气要旨论》《伤寒直格》《伤寒标本心法类萃》《三消论》《素问药注》《医方精要》，其他托名刘完素的著作还有《习医要用直格并药方》《河间刘先生十八剂》《保童秘要》《治病心印》《刘河间医案》等。后人多把刘完素的主要著作编成《河间六书》《河间十书》等，其中或加入金元其他医家的著作。

张从正为一代名医，门人众多，其中较知名者有麻九畴、常仲明、栾企等。其主要学术思想均体现在《儒门事亲》一书中，是由其弟子麻九畴等人将其晚年多种著作整理汇编而成，全书共15卷，取名用意

麻九畴（1183年—1232年），字知几，号征君，初名文纯，易州人。金代文人、医家。赐进士及第后，应翰林文字，不久谢病而去。麻九畴喜欢研究医方，与名医张从正游，尽传其学。其为文雄丽巧健，诗则精深峭刻，力追唐人。

李东垣画像

李东垣（1180—1251），又名李杲，字明之，今河北保定人。他是中国医学史上"金元四大家"之一，是中医"脾胃学说"的创始人。他十分强调脾胃在人身的重要作用，因为在五行古中，脾胃属于中央土，因此李东垣的学说也被称作"补土派"。主要著作有《脾胃论》《内外伤辨惑论》《用药法象》《兰室秘藏》《活发机要》等。

指"医家奥旨，非儒不能明"，而"为人子者，不可不知医"。

李东垣，字明之，名杲，号东垣。金代真定人。他从师于张元素，并继承其易水学派，成为一代名医。著有《脾胃论》《内外伤辨惑论》《兰宝秘藏》等。

在"金元四大家"中，朱震亨所出最晚。他先习儒学，后改医道，在研习《黄帝内经·素问》《难经》等经典著作的基础上，访求名医，受业于刘完素的再传弟子罗知悌，成为融诸家之长为一体的一代名医。著有《格致余论》《局方发挥》《本草衍义补注》等书。

明代医学专著颇丰，最先进行这方面著述的是朱元璋之子朱橚。朱元璋被小明王韩林儿封为吴王的1361年，他的第五个儿子朱橚诞生了。明王朝建立后，朱橚被封为吴王，封国在钱塘，即杭州。1381年改封为周王，到开封任职，以北宋的汴梁故宫为王府。

朱橚一直对我国伟大的中医药学很有兴趣，自己对各类药品、药方进行了深入细致的研究，并且在开封府组织了大批的学者和大夫，编写了一部名为《保生余录》的方书两卷。

在开封时，朱橚看到民众在灾荒年以野菜充饥，误食中毒者屡见不鲜。于是他尽平生之所学，刻意研究野生植物，还亲自带人跑遍封地境内的"山野平地""咨访野老田夫"，采集实物标本，考核筛选出其中可用来充饥的植物400余种。

为了进一步观察这些植物的生长情况，他又专门在开封周王府内辟设园圃，引种野生植物，每日观察、研究、记录它们的生长情况。

为辨别某一植物是否有毒，口感是否合适，朱橚都要亲自尝一尝后才加工成食品。

最后，朱橚把可供灾荒时食用的414种植物的资料编辑成册，他还特地请画师把植物的叶、花、果、枝干绘成图，附在每种植物介绍后面。在此书中仅以往其他中药书籍没有收载的植物就达276种，最终出版刊行，书名叫作《救荒本草》。

《救荒本草》详细地记载了每种植物的名称、出产环境、形态、性味、加工烹调方法，达到了使人们可以"按图而求之"的目的。

在充分认识到植物的作用后，朱橚考虑编写医学著作。1406年，朱橚领导教授滕硕、长史刘醇等编纂的方剂学巨著《普济方》终于成书。《普济方》是我国古代中医药历史上最大的中医方剂专著，是朱橚对中医药学的一大重要贡献。

据有关资料记载和统计，《普济方》共168卷，分为1600论，收载药方6.1万首，编次条理清晰，内容丰富。自古经方，本书最为完备。资料除取之历代方书外，还兼收史传、杂说、道藏、佛典中的有关内容。

明代最为著名的医学著作是医学家李时珍的《本草纲目》。李时珍于1518年出生于一个医学世家，父亲李言闻是当地名医，父亲将自己

长史 我国古代官名，秦代始置。汉相国、丞相以及后汉太尉、大将军、骠骑将军、车骑将军、大司徒、大司空、将军府各有长史，丞相长史职权尤重。边郡太守也有长史，掌兵马。唐代，州刺史别驾下有长史一人，从五品。后各代王府也设长史，总管府内事务。

063

文明薪火

科技专著

■《救荒本草》

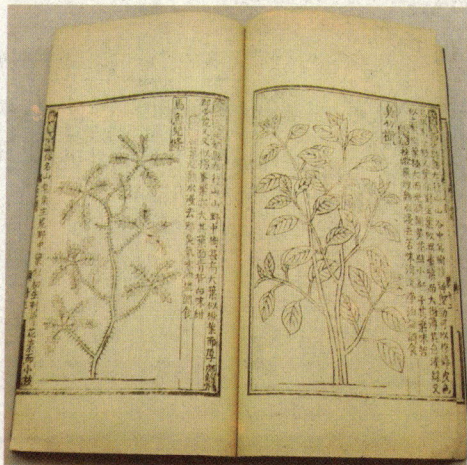

训诂学 我国传统研究古书中词义的学科，训诂学在译解古代词义的同时，也分析古代书籍中的语法、修辞现象。它从语言的角度研究古代文献，帮助人们阅读古典文献。根据文字的形体与声音，以解释文字意义，偏重于研究汉魏以前古书中的词义、语法、修辞等语文现象。

一生临床治病的经验传授给儿子。李时珍专心医药钻研，将所有精力和时间几乎都用于医药知识和相关学科的广搜博采上。他闭门读书达10年之久，因此，对史学、哲学、文字学、训诂学等，造诣甚深，尤其对药物名称、药性、药效、炮制、药物资源，均有着深入而广泛的研究。

李时珍在深入药物之研究后，又走出读书室，躬身实践，足迹遍及湖北、湖南、广东、河北、河南、江西、安徽、江苏等省。有关谷、菜、瓜、果类药物的问题，就去向农夫学习；有关各种鱼、鳞、介类药物的问题，就去向渔夫请教；有关矿石类药物中的问题，就去向手工业工人、采矿者询问；有关蛇类药物、兽类药物中的问题，他就去向捕蛇人、猎人调查，数十年如一日，直至生命的最后一息。

李时珍研究中药学数十年，参考各种图书800多种，撰成《本草纲目》52卷，集明代药物学之大成，

■ 古籍《本草纲目》

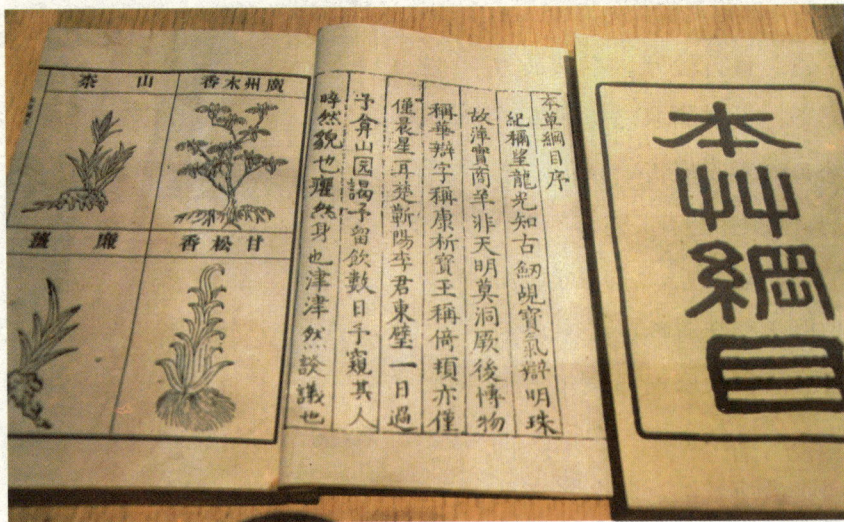

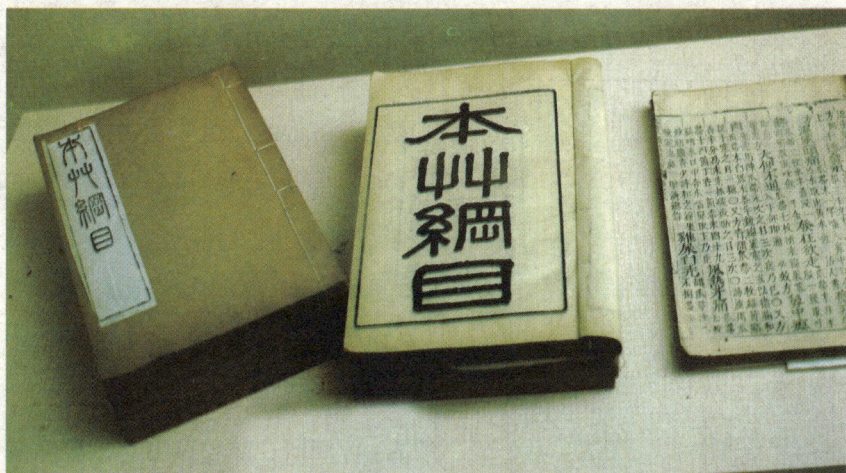
■ 古籍《本草纲目》

撰成于1578年，得当时著名文学家、南京刑部尚书王世贞作序，于1590年在南京刊行，即世之谓金陵版。

《本草纲目》52卷共收载药物1892种，绘制药物图1109幅，附方1.1万首。所收药物以其天然来源及属性为纲，分为16部；在同一部下，则以相近之类别为目，更分为60个类目，条分缕析，一目了然。

李时珍的药物分类法在前人基础上作出了创造性贡献，有着相当高的科学价值。例如其所收之1094种植物药，是根据其根、茎、叶、花、果的特点，及其性味、形态、生长环境、习性与人类生活的关系等因素，加以综合分析、归纳比较进行区分的。

李时珍的动物药分类法尤其具有较高的科学价值。书中把444种动物药分成虫、鳞、介、禽、兽、人6部。其中虫部所记述者相当于无脊椎动物；鳞部所记述者相当于鱼类；介部所记述者有一部分爬行类和两栖类动物；禽部所记述者则相当于鸟类；兽部所记述者系指哺乳类动物；人部是指人类。

金陵 即南京，公元前333年，楚威王熊商于石头城筑金陵邑，金陵之名源于此。南京历史悠久，有着6000多年文明史，近2600年建城史和近500年的建都史，是我国四大古都之一，有"六朝古都""十朝都会"之称，也是中华文明的重要发祥地之一。

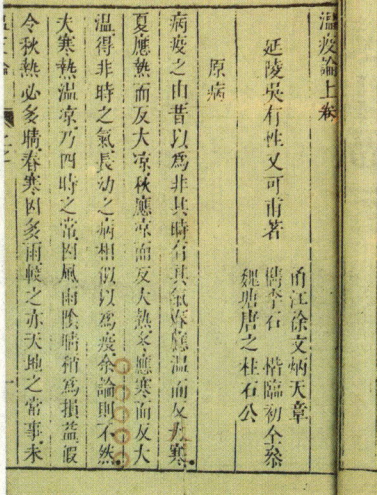

《瘟疫论》

温疫论上卷

原病

延陵吴有性又可著
甬江徐文炳天章
儁孚石楷临初仝鋟
魏塘唐之桂石公

病疫之由昔以为非其时有其气氐医谓春应温而反大寒夏应热而反大凉秋应凉而反大温冬应寒而反大温得非时之气长幼之病相似以为疫杀论则不然夫寒温者天地之常气如春温夏热秋凉冬寒此四时之常然因风雨阴晴稍为损益假令秋热必多晴春寒因多雨然而亦天地之常事未

李时珍认为，这样的分类排列顺序是"从贱至贵"。这个贵贱，既非药用之经济价值，也非动物体型之大小，而是指动物从简单到复杂，从低级到高级的发展过程而言。

《本草纲目》出版后，在国内广泛的影响是医药学著作罕见者之一，史称为"士大夫家有其书"并非过誉。与此同时，随着该书之东渡和西传，《本草纲目》在国外影响之大，可能是我国医药著作中之仅有者。

在诊断学方面，李时珍还撰有《濒湖脉学》一书，发展了中医诊断学。所著《奇经八脉考》一书，则是规范中医经络学说的一次有价值的努力。李时珍被誉为我国最著名的医药学家、世界著名的学者，当受之无愧。

明末清初之际，从事中医传染病学研究的著名医学家吴又可，于1642年编写了一部专著《瘟疫论》共2卷。是我国传染病史上的名著。

综观《瘟疫论》可知，吴又可著书完全不同于一般医学家之引经据典，或文献综述，或所谓千古文章一大抄之套式，而是对传染病提出了许多新见解，甚至有着改革和创新。他的一些理论认识，可以说是我国传染病学说的一个里程碑。

明代之后的温热病证，是我国内科治疗的范畴，中医内科学按其传统概念，既包括伤寒之证治，也包括一般杂病之诊断和治疗。明代是研究《伤寒论》学说的重要时期，不同学派兴起，代表人物有方有执、张遂辰、张志聪、王肯堂、李中梓等。

方有执编成《伤寒论条辨》8卷，关于伤寒之学说对清代伤寒学派之影响甚大；张遂辰、张志聪著有《张卿子伤寒论》；王肯堂广泛收集历代医药文献，结合临床经验以10年时间编著成《六科准绳》。这是一部集明以前医学之大成的名著，书中对各种疾病的症候和治法叙述"博而不杂，详而又要"，为历来医学家所推崇。

内科杂病在明末清初时亦甚昌盛，名家辈出，学派林立。孙一奎著有《赤水玄珠》；楼英著有《医学纲目》；而著名的内科杂病学家薛己的著作《内科摘要》，是我国医学史上以内科命名学科、书名之最早者。

此外，安徽祁门人汪机对医学理论问题之研究尤有卓见。他于1519年总结自己对外科学研究心得时，写成《外科理例》一书。从外科学之发展而言，或可誉之为外科理论继往开来的巨著。

1604年，外科学家申斗垣撰成《外科启玄》，他对外科鼻祖华佗的外科手术未能传世深表惋惜，故以"启玄"为其书名，旨在发掘历代外科手术疗法与医疗技术，以为民造福，对清代外科的发展有着重要影响。

《外科启玄》共12卷，卷1至卷3总论疮疡的病候、诊法及治则，共72论；卷4

楼英（1332年—1401年），名公爽，字全善，号全斋。生于医学世家，继承祖业，行医乡间。他在行医中，注重因人、因病、因时而异，施以药疗、理疗、针疗等法，因医术非常高超，故奏效多。他对穷苦人治病，不收分文。足迹遍及云南、贵州等地。因治病有奇效，民间尊称为"神仙太公"。

文明薪火

科技专著

■ 申斗垣撰《图像外科启玄》

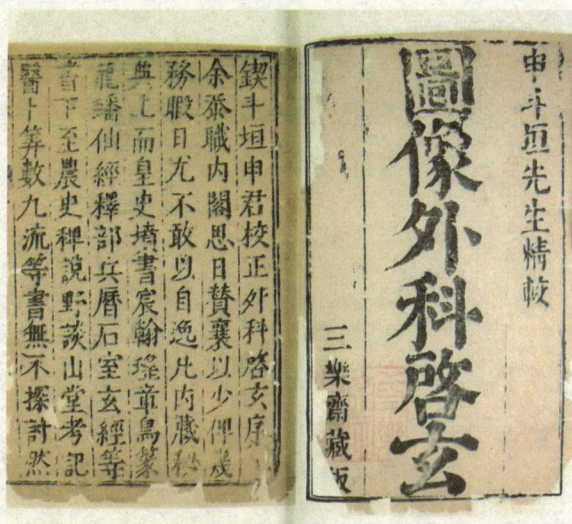

至卷9分论外科约200种疾病的证治，并绘有图形；卷10附入《痘科珍宝》1卷。卷11至卷12为治疗方剂。有4种明刻本和后世影印本。

到了清代，著名温病学奠基者叶天士著有《温热论》，为我国温病学说的发展提供了理论和辨证的基础。清代名医章虚谷高度评价《温热论》，说它不仅是后学指南，而且是弥补了张仲景书之残缺。可见其功劳很大。

1758年，也就是叶天士去世后的第12年，又一位伟大的温病学家诞生在江苏省淮阴县，他就是享誉后世的吴鞠通。

吴鞠通26岁时来到北京，参与抄写检校由皇帝下令组织编写的大型丛书《四库全书》，这使得吴鞠通有机会广泛阅览各种医学书籍。其中吴又可的《温疫论》使他深受启发，他总结了吴又可、叶天士等温病学家的学术思想，参阅历代医学文献，结合自己的实践经验，于1789年完成了他的代表作《温病条辨》。

《温病条辨》刊行之后，为医家所重，乃致翻刊重印达50余次，并有许多评注本。现在的温病学教材，取该书之说也最多。

阅读链接

明清时期有关内科医学的著作甚丰，其他如王肯堂的《杂病准绳》，虞天民的《医学正传》，王纶的《明医杂著》等，亦为影响深远之佳作。此外，还出现了不少内科疾病之专门著作。例如郑全望的《瘴疟指南》，卢之颐的《疟论疏》，张鹤腾的《伤暑全书》，方有执的《痉书》，龚居中有关结核病专书《痰火点雪》，胡慎柔的《慎柔五书》，以及汪绮石的《理虚元鉴》等。专论寄生虫病者有周履靖的《金笥玄玄》等。许多都是很有开创性的重要专著。

清代的有关疾病专著更为丰富多彩，它标志着我国医学发展到明清时期，对疾病的研究大大深入了一步。

开创文明的天文历法专著

天文学是人类最早发展起来的自然科学之一，我国的天文学历史悠久，成就举世瞩目。

早在夏代，我们的先祖已经很重视天象的观察，"观象授时"成为一种国政。据战国时期的史书《尚书·夏书》记载，夏代仲康时期，负责观测天象的官员羲和失职，没能及时预告日食，以至当这次日食现象出现时，人们不知发生了什么怪异的事变，惊慌失措，乱成一团。这次日食的记录，是我国也是世界上最早的日食记录。

历法与天文学相应而

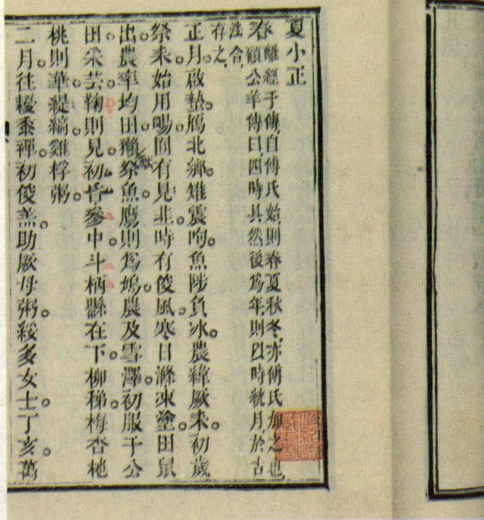

古籍《夏小正》

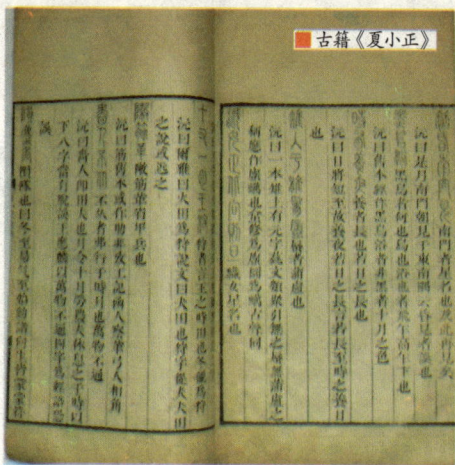
古籍《夏小正》

生。它不仅包括年、月、日、时、节气的安排，还包括日、月、行星运动，以及交食、晷影、漏刻、恒星出没、天空分区等。

我国最古老的历书相传是夏代的《夏小正》，其中记载有人们由观察天象和物候决定农时季节的知识。它原是被西汉末礼学家戴德收载于《大戴礼记》中的一篇，后来单独成册流传。

据考证，《夏小正》正文只有400多字。就天文知识来说，它按12个月的顺序记述了每月的星象，如早晨和黄昏出现在南方的星星，北斗柄的指向，银河在天空的位置，太阳到了恒星间什么地方等。

此外，《夏小正》还有每月的气象、物候以及应该做的农事和政治活动。例如：

正月，启蛰……鞠则见，初昏参中，斗柄悬在下。

这里"鞠"和"参"都是星名，"斗柄"就是北斗七星组成勺子形的把子。根据《夏小正》书中反映的天象等情况，说明我国确有更早时代的资料。

另据《春秋》一书记载：

鲁文公十四年秋七月，有星孛入于北斗。

这里说的"星孛"，就是著名的哈雷彗星，"鲁文公十四年"是公元前613年。这次彗星的记录，是我国也是世界上最早的彗星记录。

我国春秋时期的史书《左传》一书也记载：

> 鲁庄公七年夏四月辛卯夜，恒星不见，夜中星陨如雨。

"鲁庄公七年"是公元前687年，这次流星雨的记录，是我国也是世界上关于流星雨最早的详细可靠的记录。

春秋战国时期，随着生产的发展，天文学也有很多成就，出现了甘德和石申这样取得了卓越成就的著名的天文学家。

甘德，又称甘公，战国时期的齐国人；石申，又称石申夫或石申父，战国时期的魏国人。他们系统地观察了金、木、水、火、土五大行星的运行，初步掌握了这些行星的运行规律，记录了800个恒星的名字，其中测定了121颗恒星的方位。甘德写有《天文星占》8卷，石申写有《天文》8卷，后人把这两部著作合为一部，称《甘石星经》。

《石氏星经》是最早的一本天文星占著作，战国时期魏国石申所著。内容涉及太阳、月亮、行星、交食、恒星、古代天文名词、宇宙

《左传》 相传是春秋末年左丘明为解释孔子的《春秋》而作。它以《春秋》为本，通过记述春秋时期的具体史实来说明《春秋》的纲目，是儒家重要经典之一。西汉时称之为《左氏春秋》，东汉以后改称《春秋左氏传》。《左传》既是我国古代史学名著，也是文学名著。

■ 古籍《石氏星经》

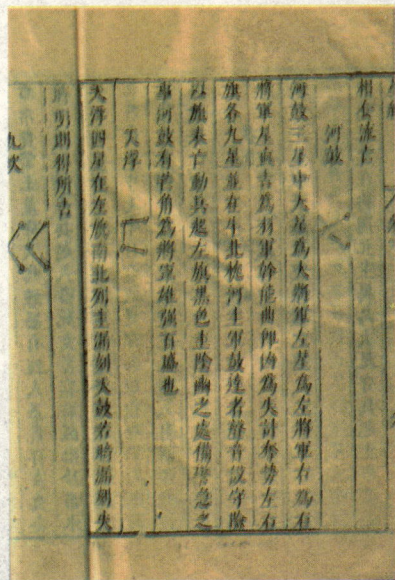

秦献公 战国时期秦国国君，秦灵公之子。他在位时，采取了一系列的改革，其中包括废止人殉、迁都、扩大商业活动、编制户籍和推广县制，并且数次发动收复河西失地的战争，为秦孝公时期的商鞅变法奠定了基础，是秦国实现再度崛起的奠基人。

■ 司马迁画像

概念等多方面，尤其是恒星部分价值更高。

《甘石星经》是我国也是世界上最早的一部天文学著作，可是它在宋代以后就失传了，后世只能从唐代的天文学书籍《开元占经》里见到它的一些片断摘录。后世许多天文学家在测量日、月、行星的位置和运动时，都要用到《甘石星经》中的一些数据，因此，《甘石星经》在我国和世界天文学史上都占有重要地位。

此后，我国天文历法学不断发展、完善，出现了许多著作。自汉代起，就有完整系统的历法著作留传后世，成为研究我国天文、历法的资料宝库。

公元前366年，秦献公时的《颛顼历》是"古六历"的一种，属于阴阳历，至秦始皇一统天下后遍行。该历采用19年7闰法，一回归年为365又四分之一日，所以是一种"四分历"，以十月为岁首，闰月放在九月之后，称后九月。

西汉初年，沿用秦代的《颛顼历》，但又发现《颛顼历》有误差。公元前104年，经史学家司马迁等人提议，汉武帝下令改定历法，并责成邓平、唐都、落下闳等人议造汉历，公元前203年历成。这一年改年号为太初并颁布实施这套汉历，因此后人称此历为《太初历》。

《太初历》规定一年等于365.2502日，一月等于29.53086日；以"加差法"替代之前的"减差法"，以调整时差；将原来以十月为岁首改为以正月为岁首；开始采用有利于农时的二十四节气；以没有中气的月份为闰月，调整了太阳周天与阴历纪月不相合的矛盾。这是我国历法史上一个划时代的进步。

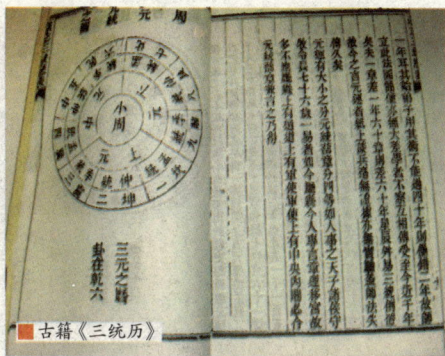

古籍《三统历》

《太初历》还根据天象实测和多年来史官的记录，得出135个月的日食周期。《太初历》不仅是我国第一部比较完整的历法，也是当时世界上最先进的历法，它问世以后，一共行用了189年。

西汉时期，还有刘歆据《太初历》稍加修改而成的《三统历》，是我国历史上最早的一部完整历法，后世历法的基本内容这时大体都已具备。

《三统历》共有7节：《统母》《统术》《纪母》《纪术》《五步》《岁术》和《世经》。《统母》和《统术》主要讲日月运动的基本常数和推算方法，包括回归年、朔望月长度、一年的月数、交食周期、计算朔日和节气的方法等；《纪母》《纪术》和《五步》讲行星的基本常数和推算方法，包括五大行星的会合周期、运行动态、出没规律、预告行星位置等；《岁术》讲星岁纪年的推算方法；《世经》讲考古年代学。

《三统历》还明确规定，以无中气的月份置闰，并选取一个"上元"作为历法的起算点。《三统历》的这些内容，对后代历法影响极大。

东汉时期，天文学家刘洪于206年著成《乾象历》，对月亮运动的

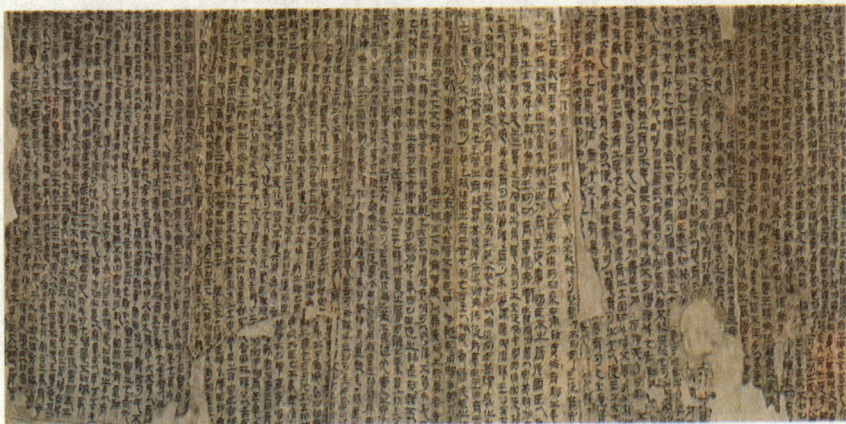

■ 帛书《五星占》

司马迁（前145年或前135年—前86年），字子长，左冯翊夏阳人。我国西汉时期伟大的史学家、文学家、思想家。他以其"究天人之际，通古今之变，成一家之言"的史识创作了我国第一部纪传体通史《史记》，此书被公认为是我国史书的典范。司马迁也被后世尊称为"史迁""太史公""历史之父"。

研究有了新进展，首次提出月亮近地点的移动，从而算出近点月长度，并在一近点月里逐日编出月离表；首次提出黄白交角是6度；首次提出交食计算中推算食限的方法，这些都对后代历法影响很大。

《五星占》是长沙马王堆汉墓中的一份帛书，大约写于汉文帝时期，专讲五大行星运动和一些天文知识，共有9部分，8000字。书中对五大行星运动有详细的描述，成为后代历法中"步五星"工作的先驱。

《五星占》对金星、土星的会合周期定得比较准确，对公元前246年到公元前177年70年间木、土、金三星的动态有逐年的记载，这是研究古代行星问题的一份重要资料。

汉代还有两本重要的天文著作，就是《天官书》和《周髀算经》。《天官书》是司马迁《史记》中的一篇，可算是当时有关天文知识的总结。尤其是恒星部分记录了当时所认识到的全天恒星，共90多组名称，500多颗星，是关于全天恒星的最早一篇完整文献。后来许多恒星的命名都受它影响。

《天官书》内容除恒星外，还有行星、分野、日月占候、奇异天象、云气、岁星纪年、天象记录和占验等，是研究秦汉天文学乃至先秦天文学的一篇权威性文献。《史记·天官书》开创了后代史书中撰写天文志的传统。"二十四史"中有十几篇天文志，为研究我国天文学史提供了系统全面的资料。

《周髀算经》成书于西汉后期，作者不可考，是"算经十书"中的一部，名曰算书，实际上主要是一部天文学著作。书有上下两卷，重点讲述当时的一种宇宙结构学说"盖天说"，详细阐述计算天地结构、太阳视轨道大小、周天里数、北极璇玑的方法，还有圆形盖天式星图的制作等，是有关"盖天说"的一本系统详尽的典籍。

隋代天文历法也取得了很多成就。隋文帝之子杨广征召全国的历算专家，都集中在东宫，共同商议历法的事情。刘焯也在皇太子这次征召的人员之内，这

盖天说 这是我国古代最早的一种宇宙结构学说。这一学说认为，天是圆形的，像一把张开的大伞覆盖在地上，地是方形的，像一个棋盘，还说到日月星辰像爬虫一样过往天空，因此这一学说又被称为"天圆地方说"。

■ 古籍《史记》

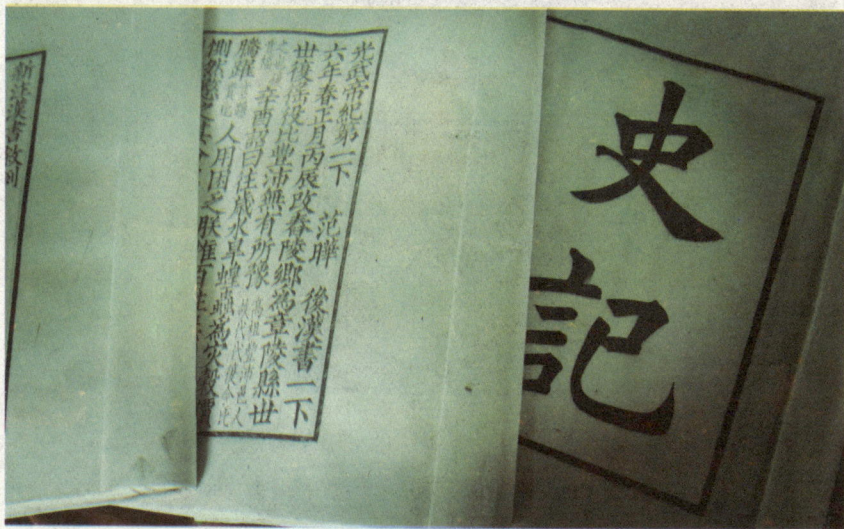

回他献上了经过几十年研究的《皇极历》。

《皇极历》考虑太阳和月亮视运动不均匀来计算日月合朔的时刻，创立了等间距二次差内插法。为了求得任意时刻的定朔改正值，又创立了任意间隔二次差内插法的公式。这在我国天文学史和数学史上都有重要地位，后代历法计算日月五星运动使用的内插法多继承《皇极历》的方法并有所发展。

唐代天文历法成就比起《皇极历》来又是一个进步。唐玄宗于727年诏天文家僧一行作《大衍历》，后经张说和陈玄景整理成文，729年颁行，使用到751年。733年传入日本，在日本使用近百年。

《大衍历》结构严谨，条理分明，共有历术7篇，讲具体计算方法。另有历议12篇，讲历法的理论问题，是一行为《大衍历》写的论文，通称《大衍历议》。

《大衍历》的制定是从制造仪器开始的，经过实际观测确定基本天文数据，这是科学的方法。经过《大衍历》的制定，对太阳月亮运动不均匀现象有了正确全面的了解。通过实际观测，破除了1000年来

古代天文图

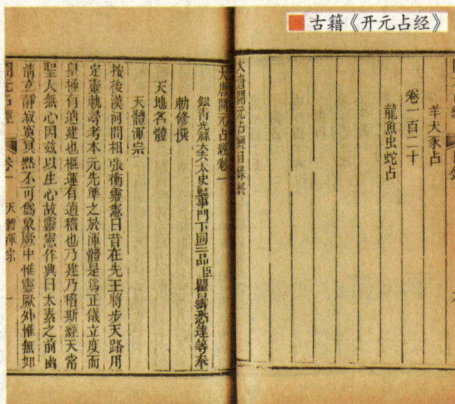

流传的"寸差千里"的谬说。在计算方法上，《大衍历》创不等间距二次差内插法的公式，比《皇极历》的方法进步了很多。

唐代瞿昙悉达撰的《开元占经》120卷，成书于718年到726年，所以又称《大唐开元占经》。唐以后失传，1616年，安徽歙县人程明善在古佛像腹中偶然发现，始得再次流传至今。

古籍《开元占经》

《开元占经》是唐以前天文星占著作大全，它把当时能见到的古代70多种天文星占书按内容分别摘录编撰，内容涉及天文星象、气候、奇异现象等各方面。天文方面有名词解释，宇宙理论，日月行星运动，二十八宿距度，甘德、石申、巫咸三家对全天恒星名称、星数、位置的描述和占验，包括有石氏的恒星星表。

由于《开元占经》的辑录，使许多古代失传了的天文星占著作的内容得以完好地保存下来，就凭这一点，《开元占经》也是一本极有价值的书。

唐代还有一本天文星占著作《乙巳占》，是李淳风所著，其中摘编了许多早已失传的古代星占著作的片断，包括天文、气象、星占，内容也很广泛。

到了元代，郭守敬于1280年作成《授时历》，次年颁行。《元史·历志》里的《授时历经》上下篇是郭守敬在王恂初稿基础上重新编定的。当时《授时历》虽已颁行，但各种数据用表、推步算法没有定稿。王恂去世后，由郭守敬一人主持完成。他"比类编次，整齐分秒，裁为二卷"。

《授时历》共有7部分，内容相似于《大衍历》，但采用等间距三次差内插法计算日月五星位置，又用弧矢割圆术和类似球面三角的方法根据太阳黄经求它的赤经赤纬，这两种方法在天文学史和数学史上都具有重要地位。

到了明代，明初刘基进《大统历》。至洪武年间的1384年，于南京鸡鸣山设观象台，令博士元统修历，仍以《大统》为名，而积分全袭元代《授时历》法数，前后共使用360多年，是古历法中行用最久的，也是在天文数据计算方面发展到高峰的一种历法。我国古典系统的历法到此为止，以后就有西方天文知识传入并影响到历法的编算。

此外，明代的《观象玩占》和《崇祯历书》颇值得一提。《观象玩占》作者不可考，也是天文星占书中一本有价值的著作。它透过大量的天文现象和奇异天象的记载，可以了解历史上许多有价值的天文事件，如新星超新星的爆发，彗星的出现和分裂，流星雨的变迁，变星的光变，日食景象，黑子日珥日冕在历史年代中的变化，行星运动，地月系的变迁等，这对现代天文学的理论研究有很大的价值。

《崇祯历书》是明代末年徐光启主编的，后经李天经续成，从1629年到1634年前后共用5年时间完成。它从多方面引进欧洲古典天文学知识，内容包括天文学基本理论，三角学，几何学，天文仪器，

■ 徐光启（1562年—1633年），字子先，号玄扈，我国明代末年科学家、思想家、政治家、军事家，官至崇祯朝礼部尚书兼文渊阁大学士。赠太子太保、少保，谥文定。徐光启是中西文化交流的先驱之一，译有《几何原本》，还著有《农政全书》《崇祯历书》《考工记解》。

日月和五大行星的运动、交食、全天星图，中西单位换算等。

《崇祯历书》共46种，137卷，采用第谷的太阳系结构系统，计算方法中翻译了哥白尼《天体运行论》中的许多章节，还有开普勒《论火星的运动》一书中的材料，历法计算中不用我国传统的代数学方法而改成几何学方法，这是我国天文学史和历法史上一个重要的转折。我国古代天文学体系开始向近代天文学转变。

明末未能根据《崇祯历书》来编算民用历书，清代开始使用根据《崇祯历书》编算的历书《时宪历》，直到清末。在《四库全书》中有100卷本的《西洋新法算书》是意大利的耶稣会传教士汤若望根据《崇祯历书》删改而成的。

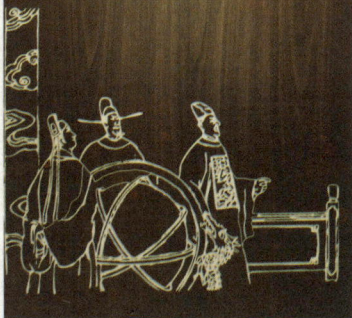

夜观星象

一六二九年，徐光启督领修历后，经义襄观象台，主持观测，实验。多次实测的结果表明，新历法比《大统历》和《回回历》乘件精得多，以二、三分来预测日月食发生的时间，这是当时所能达到的最高精密度。

徐光启夜观星象图

阅读链接

清代著作家、刊刻家、思想家阮元曾经撰有一部《畴人传》，是记述我国历代天算家学术活动的传记集，始作1795年，完成于1799年。

作为一本天文、数学家的传记集，《畴人传》收集了几百位天文、数学家的生平和科学业绩，是研究我国天文学的重要资料集。它同其他著作一起，系统全面地反映了我国古代天文学的成就，因此，它的本身也是古代天文学成就的一部分。

精确复杂的古代数学专著

我国西周时期有一位名叫商高的人，是当时的学问大家。他在数学方面的成就，被记载在我国最古老的天文学著作《周髀算经》中，其中就有数学知识勾股定理的内容。

有一次，商高面见周公时，周公对古代伏羲构造周天历度的事迹感到不可思议，就请教商高数学知识从何而来，于是商高就以勾股定理的证明为例，解释数学知识的由来。他说：

■ 商高画像

数之法出于圆方，圆出于方，方出于矩，矩出于九九八十一。故折矩，勾广三，股修四，经隅五。

商高这段话的意思就是说：当直角三角形的两条直角边分别为3和4时，"经隅"即"弦"则为5。以后人们就把这个事实说成"勾三股四弦五"。这就是后世著名的"勾股定理"。由此开创了我国古代数学的新纪元。

　　《周髀算经》成书时间大约在两汉之间，据考证明确者为西汉赵君卿所作，北周时期甄鸾重述，唐代李淳风等注。书中就记录了商高的那段话，表明"勾三股四弦五"这种关系早在大禹治水时就已经发现了。

　　《周髀算经》中明确记载了勾股定理的公式，并且详细证明了勾股定理。此外还有开平方的问题、等差级数的问题，使用了相当繁复的分数算法和开平方法，以及应用于古代的"四分历"计算的相当复杂的分数运算。

　　汉代数学成就除了《周髀算经》外，还有《九章算术》，它系统地总结了我国从先秦到西汉中期的数学成就。该书作者已无从查考，但西汉著名数学家张苍、耿寿昌等人曾经对它进行过增订删补。魏晋时刘徽为《九章算术》作注时说："周公制礼而有九数，九数之流则《九章》是矣。"可知该书中理论成于周公之时。

　　《九章算术》全书分作9章，一共搜集了246个数学问题，按解题的方法和应用的范围分为9大类，每

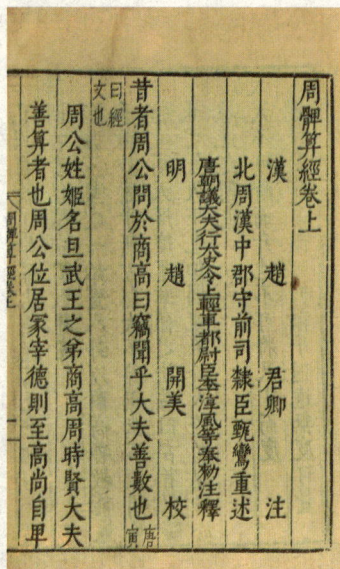

■《周髀算经》

张苍（前256年—前152年），西汉阳武人，西汉学者，政治家。他在历法、算学方面取得了很大的成就。为西汉王朝制定了立法与度量衡。他把算学研究成果直接用于国计民生，校正《九章算术》，是对我国及世界数学发展的重大贡献。

一大类作为一章。它们的主要内容分别是：第一章"方田"：田亩面积计算；第二章"粟米"：谷物粮食的比例折换；第三章"衰分"：比例分配问题；第四章"少广"：已知面积、体积，求其一边长和径长等；第五章"商功"：土石工程、体积计算；第六章"均输"：合理摊派赋税；第七章"盈不足"：即双设法问题；第八章"方程"：一次方程组问题；第九章"勾股"：利用勾股定理求解的各种问题。

《九章算术》在数学上有其独到的成就，不仅最早提到分数问题，也首先记录了盈不足等问题，"方程"章还在世界数学史上首次阐述了负数及其加减运算法则。

《九章算术》是一本综合性的历史著作，是当时世界上最简练有效的应用数学，它的出现标志着我国古代数学形成了完整的体系。

唐宋两代，《九章算术》都由国家明令规定为教科书。到了北宋，《九章算术》还曾由政府进行过刊刻，这是世界上最早的印刷本数学书。

南北朝是我国古代数学的蓬勃发展时期，计有《孙子算经》《夏侯阳算经》《张丘建算经》《海岛算经》等数学著作。所以当时的数学教育制度对继承古代数学经典是有积极意义的。

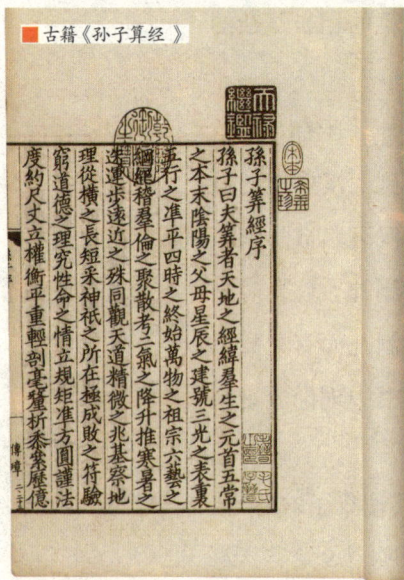

■ 古籍《孙子算经》

《孙子算经》约成书于4至5世纪，作者生平和编写年不详。全书共分为3卷：上卷详细讨论了度量衡的单位，第一次讨论了筹算的制度和方法；中卷主要是关于分数的应用题，包括面积、体积、等比级数等计算题；下卷对后世的影响最

■ 古代算筹

科技专著

为深远，如下卷第31题即著名的"鸡兔同笼"问题，后传至日本，被改为"鹤龟算"。

《海岛算经》是三国时期刘徽所作。这部书中讲述的都是利用标杆进行两次、三次至最复杂的四次测量来解决各种测量数学的问题。这些测量数学，正是我国古代非常先进的地图学的数学基础。

此外，刘徽对《九章算术》所作的注释工作也是很有名的，可以把这些注释看成是《九章算术》中若干算法的数学证明。刘徽注中的"割圆术"开创了我国古代圆周率计算方面的重要方法，他还首次把极限概念应用于解决数学问题。

隋唐时候，国子监算学科将汉、唐1000多年间的著名数学著作作为教科书，称之为"算经十书"。这10部算书的名字是：《周髀算经》《九章算术》《海岛算经》《五曹算经》《孙子算经》《夏侯阳算经》《五经算术》《缉古算经》《缀术》《张丘建算经》。

除《周髀算经》《九章算术》《海岛算经》外，

刘徽（约225年—295年），山东邹平人，魏晋时伟大的数学家，我国古典数学理论的奠基者之一。是我国数学史上一个非常伟大的数学家，他的杰作《九章算术注》和《海岛算经》，是我国最宝贵的数学遗产，从而奠定了他在中国数学史上的不朽地位。他给我们中华民族留下了宝贵的财富。

祖冲之（429年—500年），字文远，刘宋时期数学家、天文学家。祖冲之的主要成就在数学、天文历法和机械制造3个领域。尤其是在数学方面，他把圆周率推算到小数点后7位，被称为"祖率"。此外，祖冲之精通音律，擅长下棋，还写有小说《述异记》。祖冲之的儿子祖暅也是数学家。

"算经十书"的其余几部书也记载有一些具有世界意义的成就。例如《孙子算经》中的"物不知数"问题，《张丘建算经》中的"百鸡问题"等都很著名。而《缉古算经》中的三次方程解法，特别是用几何方法列三次方程的方法，也是很具特色的。

《缀术》是南北朝时期著名数学家祖冲之的著作。可惜这部书在唐宋之际失传了。宋人刊刻"算经十书"时就用当时找到的另一部算书《数术记遗》来充数。

祖冲之关于圆周率的计算可精确到第六位小数，记载在《隋书·律历志》中：

> 古之九数，圆周率三，圆径率一，其术疏舛。自刘歆、张衡、刘徽、王蕃、皮延宗之徒，各设新率，未臻折衷。宋末，南徐州从事史祖冲之，更开密法，以圆径一亿为一丈，圆周盈数三丈一尺四寸一分五厘九毫二秒七忽，朒数三丈一尺四寸一分五厘九毫二秒六忽，正数在盈、朒二限之间。密率，圆径一百一十三，圆周三百五十五。约率，圆径七，周二十二。又设开差幂，开差立，兼以正圆参之。指要精密，算氏之最者也。所著之书，名为《缀术》，学官莫能究其深奥，是故废而不理。

唐代立于学官的10部算经中，王孝通的《缉古算经》是唯一由唐代学者撰写的。王孝通出身于平民，少年时期便开始潜心钻研数学，隋朝时以历算入仕，入唐后被留用，唐初做过算学博士，后升任通直郎、太史丞。毕生从事数学和天文工作。

在我国数学史上，《缉古算经》是最早解三次方程的著作，它集中体现了我国数学家早在7世纪在建立和求解三次方程等方面所取得的重要成就。

我国古代数学经过从汉至唐的发展，已经形成了更加完备的体系。在这基础上，到了宋元时期又有了新的发展。宋元数学，从它的发展速度之快、数学著作出现之多和取得成就之高来看，都可以说是我国古代数学史上最光辉的一页。

秦九韶是南宋时期杰出的数学家。1247年，他在《数书九章》中将"增乘开方法"加以推广，论述了高次方程的数值解法，并且列举20多个取材于实践的

王孝通 唐代算历博士，626年曾任通直郎太史丞，并参加修改历法工作。王孝通的主要贡献在数学方面，656年国子监设"算学"，以"十部算书"为教科书，列《缉古算经》为十书之一，并规定此书学习年限长达3年。

■《数书九章》

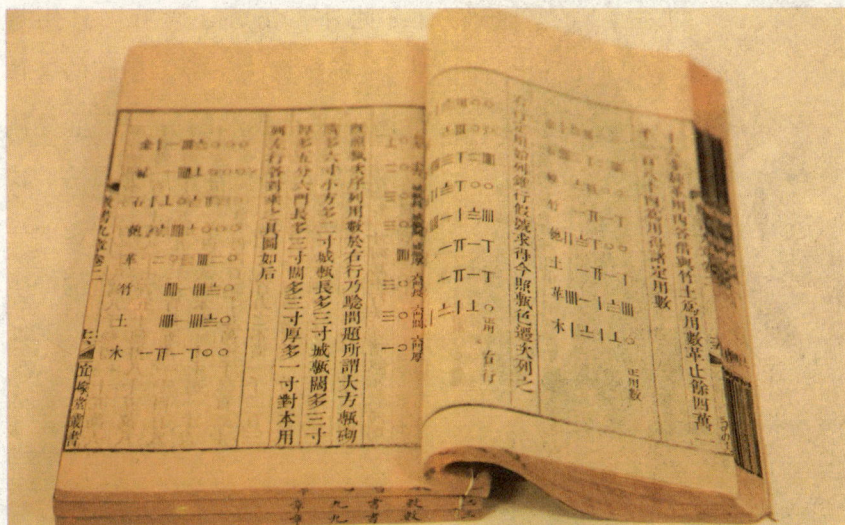

高次方程的解法，最高为十次方程。16世纪意大利人菲尔洛才提出三次方程的解法。另外，秦九韶还对一次同余式理论进行过研究。

《数书九章》主要讲述了两项重要成就：高次方程数值解法和一次同余式解法。书中有的问题要求解十次方程，有的问题答案竟有180条之多。

1248年，李冶发表《测圆海镜》，该书是首部系统论述"天元术"即一元高次方程的著作，在数学史上具有里程碑意义。尤其难得的是，在此书的序言中，李冶公开批判将数学贬为"贱技""玩物"等长期存在的士风谬论。

李冶的《测圆海镜》和《益古演段》中，还讲述了直角三角形和内接圆所造成的各线段间的关系，这是我国古代数学中别具一格的几何学。

1261年，南宋杨辉在《详解九章算法》中用"垛积术"求出几类高阶等差级数之和。1274年他在《乘除通变本末》中还叙述了"九归捷法"，介绍了筹算乘除的各种运算法。

此外，杨辉还著有《日用算法》《杨辉算法》等。杨辉的著作讲述了宋元数学的另一个重要侧面：实用数学和各种简捷算法。这是应当时社会经济发展而兴起的一个新的方向，并且为珠算盘的产生

■ 杨辉（约1238年—约1298年），字谦光，我国南宋时的数学家，数学教育家。他是世界上第一个排出丰富的纵横图和讨论其构成规律的数学家。著有《详解九章算法》《日用算法》《乘除通变算宝》《田亩比类乘除捷法》《续古摘奇算法》《九章算法纂类》《杨辉算法》等多本算法的著作。

创造了条件。

在元代，王恂、郭守敬等制定《授时历》时，列出了三次差的内插公式。郭守敬运用几何方法求出相当于现在球面三角的两个公式。

元代朱世杰受李冶《测圆海镜》和杨辉著作的影响，著有《四元玉鉴》，他把"天元术"推广为"四元术"，即四元高次联立方程，并提出消元的解法，欧洲到1775年法国人别朱才提出同样的解法。

手捧《授时历》的郭守敬

朱世杰还对各有限项级数求和问题进行了研究，在此基础上得出了高次差的内插公式，欧洲到1670年英国人格里高利和1676年牛顿才提出内插法的一般公式。

朱世杰的《算学启蒙》也是当时的一部启蒙教科书，由浅入深，循序渐进，直到当时数学比较高深的内容。

宋元算书中所记载的辉煌成就再次证明：直到明代中期之前，我国科学技术的许多方面，是处在遥遥领先地位的。

阅读链接

宋元以后，明清时期也有很多算书。例如明代就有著名的算书《算法统宗》。这是一部风行一时的讲珠算盘的书。入清之后，虽然也有不少算书，但是像"算经十书"、宋元算书所包含的那样重大的成就便不多见了。特别是在明末清初以后的许多算书中，有不少是介绍西方数学的。

明清时期的数学发展，反映了在西方资本主义发展进入近代科学时期以后我国科学技术逐渐落后的情况，同时也反映了我国数学逐渐融合到世界数学发展总的潮流中去的一个过程。

物为我用的工艺科技著作

那是在我国战国时期的齐国，齐威王即位后，以"不飞则已，一飞冲天；不鸣则已，一鸣惊人"的精神，进行了卓有成效的变法改革。改革中的一项重要措施就是创建稷下学宫。齐威王为稷下学者提供优厚的物质与政治待遇，勉其著书立说。在稷下学者编著的众多论著中，齐国学者的《考工记》是记述当时齐国政府制定的指导、监督和考核官府手工业、工匠劳动制度的书。

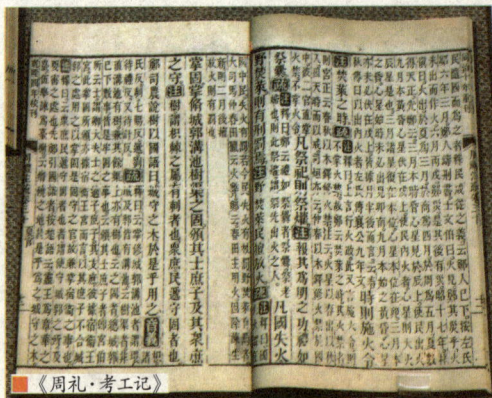
《周礼·考工记》

《考工记》曾作为《周礼》的一部分。《周礼》包括天官、地官、春官、夏官、秋官、冬官6篇，故本名《周官》，又称《周官经》。西汉成帝时，刘歆校理秘府所藏书籍，才将《周官》列入书目，但缺冬官一篇，遂以《考工记》补足，故又称《周礼·考工记》。

《考工记》开宗明义就说：

国有六职，百工与居一焉。

这一观点，一方面是说"百工"的重要性，另一方面也说明"百工"是属于官府手工业。

《考工记》全书共7100余字，记述了木工、金工、皮革、染色、刮磨、陶瓷六大类30个工种的内容，反映出当时我国所达到的科技及工艺水平。

此外《考工记》还有数学、地理学、力学、声学、建筑学等多方面的知识和经验总结。这部著作记述了齐国关于手工业各个工种的设计规范和制造工艺，书中保留有先秦大量的手工业生产技术、工艺美术资料，记载了一系列的生产管理和营建制度，一定程度上反映了当时的思想观念。

《考工记》是我国年代最早的手工业技术文献，该书在我国科技史、工艺美术史和文化史上都占有重要地位。在当时世界上也是独一无二的。因此，历代有关它的注释和研究层出不穷，其中成绩卓著的学者，早期有汉代的郑玄，中期有唐代的贾公彦，晚期有清代的戴震、程瑶田、孙诒让等。

战国时期的工艺科技成就，不仅有《考工记》所

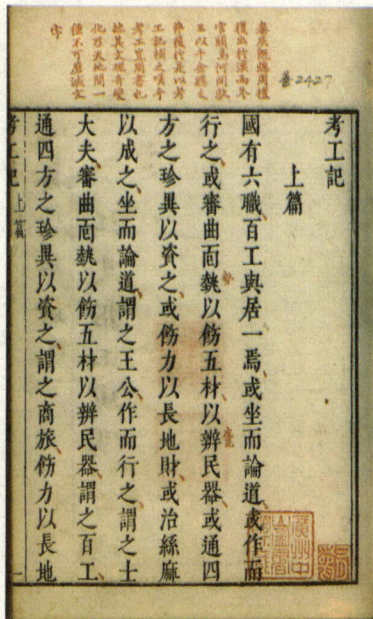

■《考工记》

《周礼》 我国古代关于政治经济制度的一部著作，是古代儒家主要经典之一。自郑玄作注后，与《仪礼》《礼记》并列为"三礼"。宋代列入"十三经"，遂成了我国古代的法典，其中关于经济生活方面的规定，主要在地官，其次才是天官。冬官《考工记》专记手工技艺。

古代文献与经典专著

■ 古籍《墨经》

小孔成像 用一个带有小孔的板遮挡在屏幕与物之间，屏幕上就会形成物的倒像，人们把这样的现象叫小孔成像。前后移动中间的板，像的大小也会随之发生变化。这种现象反映了光线直线传播的性质。

展现的齐国的成就，还有当时的墨家学派在这方面的建树。墨家创始人墨翟是战国时期宋国人，他是一个制造机械的手工业者，精通木工。

墨家学派中多数是直接参加劳动的，接近自然，热心于对自然科学的研究，又有比较正确的认识论和方法论的思想，他们把自己的科学知识、言论、主张、活动等集中起来，最终汇编成《墨子》。

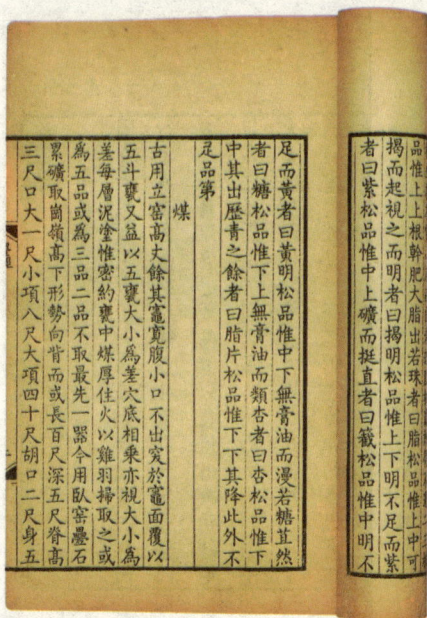

《墨子》中关于工艺考究的重要篇章是《墨经》，它包括《经上》《经下》《经上说》《经下说》《大取》《小取》共6篇。其内容在逻辑学方面所占的比例最大，自然科学次之，其中几何学的10余条，专论物理方面的约20余条，主要包括力学和几何光学方面的内容。此外，还有伦理、心理、政法、经济、建筑等方面的条文。

《墨经》中有8条论述了几何光学知识，它阐述了影、小孔成像、平面镜、凹面镜、凸面镜成像，还说明了焦距和物体成像的关系，这些比古希腊欧几里得的光学记载早百余年。

《墨经》在力学方面的论说也是古代力学的代表作。对力的定义、杠杆、滑轮、斜面及物体沉浮、平衡和重心都有论述。而且这些论述大都来自实践。

战国时期以后，我国科技得到不断发展，各个时期的论著也不绝而出。至魏晋南北朝时期，科学技术有了显著进步。这一时期科学技术，继承了前代的成就，在机械制造、冶炼技术等许多方面又多有创新。

如东晋道教学者、炼丹家、医学家葛洪所著《抱朴子》，分"内篇"和"外篇"，其中内篇的《金丹篇》对炼丹法有明确记载。

事实上，我国古代炼丹术就是近代化学工业的先驱。如唐代郑思远所撰的《真元妙道要略》，记载了炼丹见闻30余则，并且最早提到了火药，说明唐末我国火药已经开始用于军事。

火药又称炸药，是原料在受到适当的激发冲量后产生快速的化学反应，并放出足够的热量。显然，火药是化学产品之一。

在我国浩如烟海的古籍中，有一部素负盛名的科技著作，这就是北宋卓越的科学家沈括写的《梦溪笔谈》。此著集前代科学成就之大成，是我国古代最重要的一部科学技术著作。

《梦溪笔谈》是以笔记体裁写成的综合性科技巨著，全书30卷，609条，共十几万字。书中内容十分丰富，涉及政治、经济、文化、军事和科学技术等各个方面。其中关于科技的内容，占全

沈括（1031—1095年），字存中，北宋科学家、政治家。精通天文、数学、物理学、化学、生物学、地理学、农学和医学；他还是卓越的工程师、出色的军事家、外交家和政治家；同时，他博学善文，对方志律历、音乐、医药、卜算等无所不精。

■ 沈括画像

李诫（1035年—1110年），字明仲，北宋郑州管城人。自1092年起从事宫廷营造工作，历任将作监主簿、丞、少监等，官至将作监。监掌宫室、城郭、桥梁、舟车营缮事宜。在任期间曾先后主持五王邸、辟雍、尚书省、朱雀门、太庙、钦慈太后佛寺等十余项重大工程。

文苑集成

古代文献与经典专著

书三分之一，包括了数学、天文历法、气象、地质、地理、物理、化学、生物、农业、水利、建筑、医学、药物学等，汇集了我国古代、主要是北宋的多种科技成就。

《梦溪笔谈》对我国科技的许多成就，都有精辟的论述。例如，论述"十二气历"按立春、惊蛰、清明、立夏等12个节气定月份；一年365天，大月31天，小月30天，大小月相间，既符合天体运行的实际，又有利于农事活动的安排。

《梦溪笔谈》在我国和世界上最早提出地磁偏角的问题，它论述指南针"能指南，然常微偏东，不全南也"。《梦溪笔谈》在我国和世界上最早记录了石油的性能和用途，并第一次使用了"石油"的名称。它还曾指出石油资源丰富，"生于地中无穷"，预言"此物后必大行于世"。

在地质学方面，《梦溪笔谈》提出的用流水侵蚀作用解释地貌的观点，早于欧洲700年。

尤其可贵的是，一些劳动人民在科技上的发明和

■ 沈括科技巨著《梦溪笔谈》

贡献，像布衣毕昇发明的活字印刷术，河工高超发明的合龙堵口的先进治水方法，民间工匠喻皓的建筑成就及其编著的《木经》，平民历算家卫朴修订历法的事迹，等等，都赖有《梦溪笔谈》的详细记叙，才得流传后世。否则，这些伟大发明家和卓越科技人才的业绩，很可能会被永远湮没了。

■宋应星画像

喻皓是我国北宋时期工人建筑师，北宋初年曾当过掌管设计、施工的木工都匠，尤其擅长建筑多层的宝塔和楼阁，晚年写成《木经》3卷，这是我国历史上第一部关于木结构建筑的手册。

宋代李诫在喻皓《木经》基础上编成的《营造法式》，全书34卷，357篇，3555条。它收集了工匠讲述的各工种操作规程、技术要领及各种建筑物构件的形制、加工方法，是当时建筑设计与施工经验的集合与总结，并对后世产生深远影响。

《营造法式》也是北宋官方颁布的一部建筑设计、施工的规范书，这是我国古代最完整的建筑技术书籍，标志着我国古代建筑已经发展到了较高阶段。

到了明末，杰出科学家宋应星编写的科技名著《天工开物》，是我国古代最重要的一部工艺百科全书。它详细记述了我国古代的农业和手工业技术，其中有不少是在当时居于世界领先地位的工艺措施和科学创见。这是他通过不断深入民间实地考察、研究而写成的总结明代生产技术的著作，于1637年刊行。

《天工开物》分上、中、下3卷，又细分为18个项目。书中除了

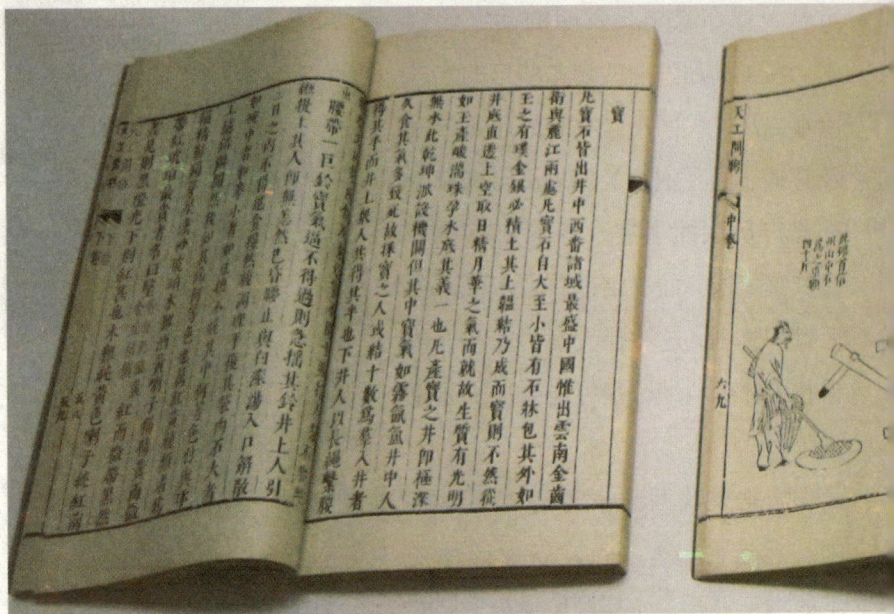

介绍农业生产经验外，还记述了纺织、染色、制盐、制糖、制砖、烧瓷、造车、造船、采煤、榨油、造纸、冶铜、炼铁、军器、火药、颜料、酒曲等多种手工业生产技术。

宋应星是世界上第一个科学地论述锌和铜锌合金即黄铜的科学家。他明确指出，锌是一种新金属，并且首次记载了它的冶炼方法。这是我国古代金属冶炼史上的重要成就之一。使我国在很长一段时间里成为世界上唯一能大规模炼锌的国家。他记载的用金属锌代替锌化合物即炉甘石炼制黄铜的方法，是人类历史上用铜和锌两种金属直接熔融而得黄铜的最早记录。

《天工开物》中还详细说明了各种农作物和工业原料的种类、产地、生产技术和工艺装备，描述了它们内部细致的专业分工，还附有200多幅工艺流程插图，与文字互相配合。

书中对生产各种产品所需要的时间、人力、产量，生产工具的规格、尺寸、效率，各种金属的密度，合金成分的比例，火器的射程和

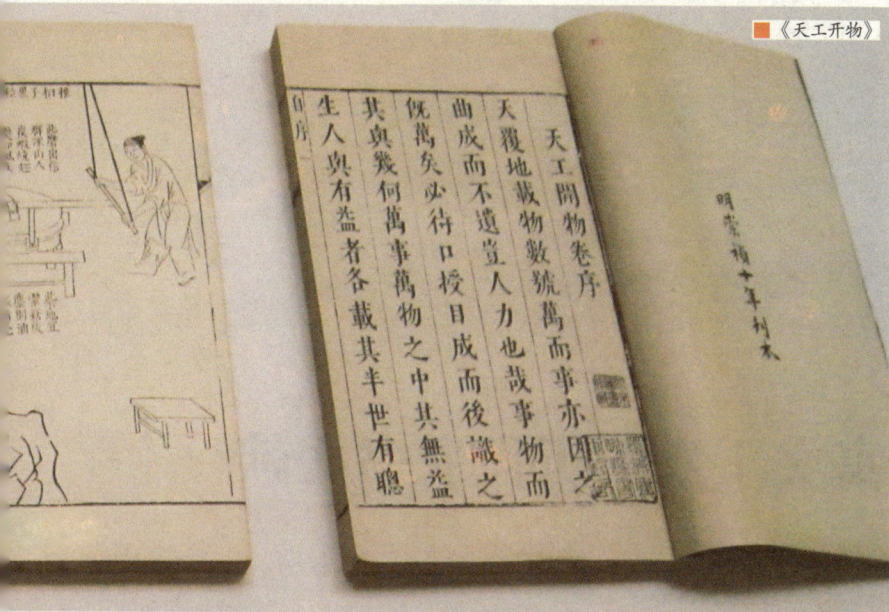

杀伤力等，也都用具体数据加以说明。

　　《天工开物》为研究明朝的社会生产提供了宝贵的资料，具体生动地反映了宋应星生活的时代资本主义经济在我国开始萌芽、社会生产力和科学技术获得进一步发展的情况。西方研究者把它誉为"中国17世纪的工艺百科全书"。

阅读链接

　　墨翟是一个精通机械制造的大家，在止楚攻宋时与公输般进行的攻防演练中，已充分地体现了他在这方面的才能和造诣。他所论及的攻守器械和设施，对后世的军事活动有着很大的影响。

　　墨翟曾花费了3年的时间，精心研制出一种能够飞行的木鸟即风筝，成为我国古代风筝的创始人。他又是一个制造车辆的能手，可以在不到一日的时间内造出载重30石的车子。他所造的车子运行迅速又省力，且经久耐用，为当时的人们所赞赏。

寓文于农的历代农书文献

神农铜像

我国远古时期，神农氏见人们的食物越来越不足，遍尝百草，开辟新的食物来源，终于选择出可供人们食用的谷物。接着又观察天时地利，创制耒耜，教导人们种植谷物，开启了我国远古农业的先河。

到了夏、商、周时期，我国发明了金属冶炼技术，青铜农具开始应用于农业生产，水利工程开始兴建，农业技术有了初步的发展。

春秋战国是我国社会大变革和科技文化大发展时期。炼铁技术的发明标志着新的生产力登上了历史舞台，铁农具和畜力的利用，推动了农业生产的大发展。

到战国时期，秦相吕不韦约集手下门客集体编写了《吕氏春秋》一书，其中的《上农》《任地》《辩土》《审时》4篇，则是专讲农业的。这是我国最古老的农学论文。

■ 《吕氏春秋》

在当时，所有诸侯国都认识到发展农业生产的重要性，提出了"上农"的理论，推行以农业为本、工商为末的"崇本抑末"政策。《上农》篇中提出的重农理论和政策，和商鞅、吴起、韩非的重农思想基本上是一致的。

《任地》《辩土》《审时》3篇是专讲农业技术的。《任地》讲利用土地的原则。《辩土》是讲使用土地，就是以人力来改变土壤的现状，对《任地》篇所提出要求的事，作了具体回答。《审时》篇讨论耕作及时不及时对农作物各方面、特别是对子粒性质的影响。

《任地》等3篇包含着农业生产方面丰富的辩证法思想，总结了先秦劳动人民的农业生产经验，反映了春秋战国时期农业科学技术水平。

秦汉至南北朝时期，我国北方地区旱地农业技术达到成熟，耕、耙、耱配套技术形成，多种大型复杂

《吕氏春秋》
亦称《吕览》，是秦国丞相吕不韦，集合门客们共同编撰的一部类百科全书式的巨著。成书于秦始皇统一天下前夕。全书为12纪、8览、6论。注重博采众家学说，以道家黄老思想为主，兼收儒、墨、法、兵、农、纵横和阴阳各先秦诸子百家言论，所以《汉书·艺文志》等将其列入杂家。

■《汉书·艺文志》

《汉书》 又名《前汉书》，东汉班固所著，是我国第一部纪传体断代史。沿用《史记》的体例而略有变更。《汉书》语言庄严工整，多用排偶，遣词造句典雅远奥，与《史记》平畅的口语化文字形成鲜明对照。我国纪史方式自《汉书》以后，都仿照其体例。

的农具先后发明和运用。

据东汉时期班固《汉书·艺文志》记载，在西汉以前我国就出现了专门的农书，共有9家114卷之多，其中《神农》20篇、《野老》17篇、《宰氏》17篇、《董安国》16篇、《尹都尉》14篇、《越氏》5篇、《氾胜之书》18篇、《王氏》6篇、《蔡癸》1篇。

这些农书除《神农》《野老》外，其余7种中，4种早已下落不明。剩下的3种，两汉之交的刘向和班固都肯定它们是西汉人的著作，就是《董安国》《蔡癸》和《氾胜之书》，但前两种也已散失，只有《氾胜之书》，靠北魏时期贾思勰的《齐民要术》等几部书的引文，保存了一些零星文字。但是从残存的3700多字中，仍足以反映出西汉农业科学技术的水平。

氾胜之是山东曹县人，在汉成帝在位的时候，曾经当过议郎官职；又在京城西安附近的三辅地区指导过农业生产，取得了很好的成绩。当时对农业生产有兴趣的人，都乐于向氾胜之请教。后来他升为御史，足迹踏遍全国。他在这些活动中所积累的经验和资料，是后来撰写农书的基础。

氾胜之具有突出的重农思想。他把粮食布帛看作国计民生的命脉所系，因此，他把推广先进的农业科学技术作为发展农业生产的重要途径。他曾经表彰一名卫尉勤于蚕法，是"忠国爱民之至"。可见他把推广先进农业科技，发展农业生产提高到"忠国爱民"的高度。

《氾胜之书》正是在这种思想的指导下写成的。该书是氾胜之对西汉黄河流域的农业生产经验和操作技术的总结，主要内容包括耕作的基本原则、播种日期的选择、种子处理、个别作物的栽培、收获、留种和贮藏技术、区种法等。

《氾胜之书》以对个别作物的栽培技术的记载较为详细。这些作物有禾、黍、麦、稻、稗、大豆、小豆、枲、麻、瓜、瓠、芋、桑等13种。区种法在该书中占有重要地位。

此外，书中提到的溲种法、耕田法、种麦法、种瓜法、种瓠法、穗选法、调节稻田水温法、桑苗截乾法等，都不同程度地体现了科学的精神。

在我国历史上，最早和最完整的农书，当数南北朝时期北魏杰出的农业科学家贾思勰书写于533年到544年间的《齐民要术》。

贾思勰是山东益都人，曾任高阳太守，后来回到家乡，经营农牧业。贾思勰研究了大量农业文献，广泛请教了有经验的老农，收集了许多口头传说、民间谚语，再加上自己从事生产实践的亲身体验，写成了农业科学巨著《齐民要术》。

《齐民要术》全书正文10卷，92篇，正文和注释共11万多字，书前还有《自序》和《杂说》各1

■ 贾思勰 我国北朝北魏农学家，出身儒学家族，精通农业科学，在复兴由于战乱而荒废的华北农业时，将旱地农业技术体系化，写成《齐民要术》一书。该书是我国现存的最早、最完整的大型农业百科全书，也是世界上保存下来的最早的一部农业科学著作，对中国古代汉族农学的发展产生了重大影响。

篇。卷1至卷5的内容是谷物、蔬菜、瓜果、林木栽培；卷6是家畜、家禽、鱼类饲养；卷7是酿酒；卷8是制酱、制醋、腌腊；卷9是食品制造和烹调；卷10是各种作物的品种介绍。

《齐民要术》的内容包括农、林、牧、副、渔各个方面，对几乎所有的农业生产活动都作了比较详细的论述。比如，书中阐明了因时、因地制宜的重要性，提出了"顺天时，量地利，则用力少而成功多；任情反道，劳而无获"的先进农业观点。

《齐民要术》还针对我国北方地区"春多风旱"的气候特点，对北方抗旱保墒问题进行了深入探讨，总结出具体的技术措施和经验。

另外，《齐民要术》对轮作和套种作了科学的总结和研究，为农业生产的发展开辟了广阔的途径。而且还对农作物的品种进行了专门论述，并且在选种问题上提出了穗选法的主张，这实际上就是一种简单的优选法。

《齐民要术》中有许多项目，比世界其他各先进民族的记载要早三四百年，甚至1000多年；它的取材布局，也为后来的许多农书作者

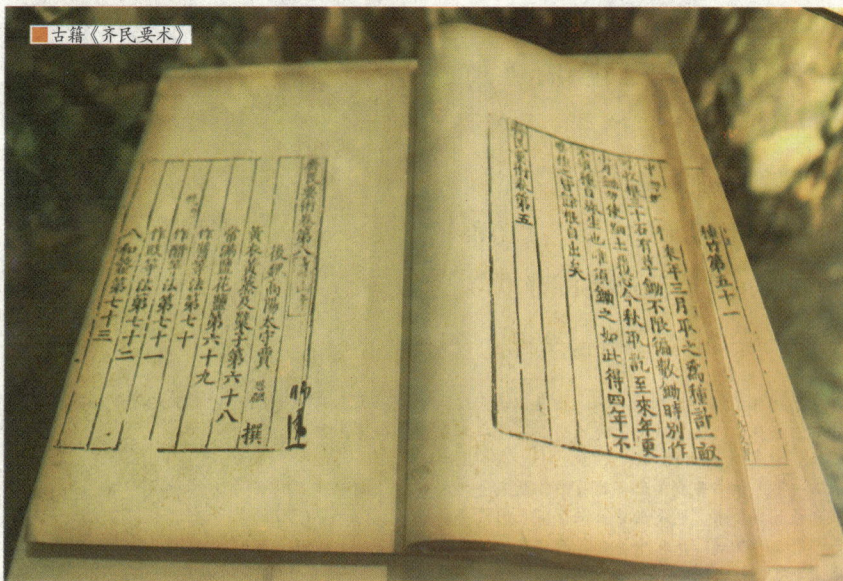
古籍《齐民要术》

贾思勰蜡像

所借鉴。

《齐民要术》为我国初步建立了农业科学体系，对推动我国古代农业生产和农业科学技术的发展，产生了巨大的影响。它不但是我国，也是世界上最早、最完整的农书，在我国和世界农业科学发展史上，都占有重要的地位。

隋、唐、宋、元以及明清时期，我国经济重心从北方转移到南方。南方水田技术配套技术形成，水田专用农具发明与普及，棉花在全国逐渐推广，土地利用方式增多，南北方农业同时获得大发展。

这时出现了众多农书，后人将这一时期的《氾胜之书》《齐民要术》《陈敷农书》《王祯农书》《农政全书》统称为五大农书，是我国古代农学著作中的杰作。

陈敷是我国南宋农学家，一生勤奋好学，潜心研究农学理论，而且自耕自种，于1149年74岁时写完《陈敷农书》这部著作，对古代的农业生产做出了巨大贡献。

《陈敷农书》是我国古代第一部谈论水稻栽培种植方法的农书。

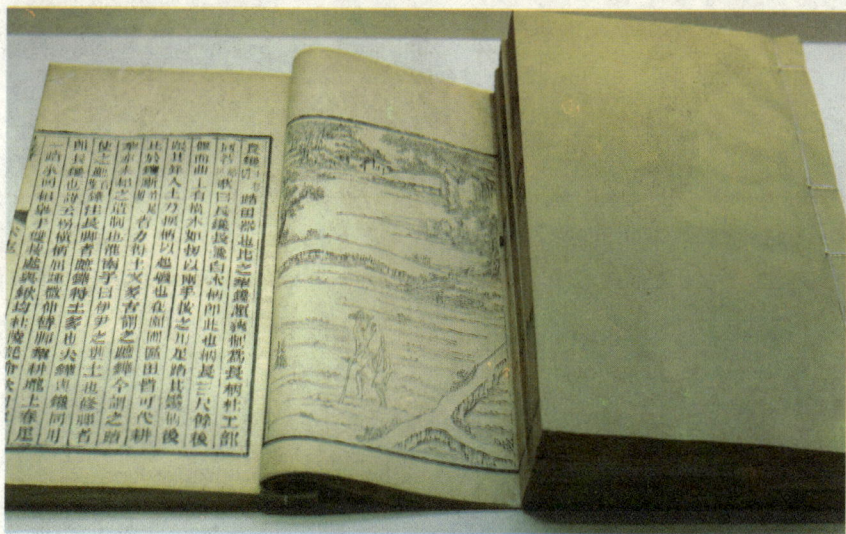
■ 古代农书

畏兀儿 元代西北族名。宋代称高昌回鹘，元代称畏兀儿。汉文文献中，还有"畏吾儿""伟兀""伟吾而"等不同译法。元代时高昌等地发生混战，大批畏兀儿人为躲避战乱而越过戈壁，避居甘肃永昌、敦煌、酒泉、张掖一带。到明代时他们逐渐融于汉族之中。

共3卷，附《蚕书》1册。书中对江南水田耕作，对土地利用、土壤肥料、水稻耕种、蚕桑等方面，均有独到见解，是研究我国农业科学的宝贵资料。

元王朝只有97年，时间虽不算很长，却在我国农学史上留下了3部比较出色的农学著作。一是元建国初年司农司编写的我国最早的官修农书《农桑辑要》，此后有王祯的《王祯农书》和畏兀儿农学家鲁明善、铁柱的《农桑衣食撮要》。其中尤以《王祯农书》影响最大。

王祯字伯善，生于1271年，山东东平人，元成宗时曾任宣州旌德县尹、信州永丰县尹。他在为官期间，生活俭朴，捐俸给地方上兴办学校、修建桥梁、道路、施舍医药，确实给两地百姓做了不少好事。时人颇有好评，称赞他"惠民有为"。

王祯在旌德和永丰任职时，劝农工作取得很大成效，政绩斐然。所采取的方法是每年规定农民种桑树若干株；对麻、苎、禾、黍、䅟麦等作物，从播种以致收获的方法，都一一加以指导；还画出"钱、鎛、耰、耧、耙、麴"各种农具的图形，让老百姓仿造试制使用。

王祯又"以身率先于下""亲执耒耜，躬务农桑"。最后，王祯把教民耕织、种植、养畜所积累的丰富经验，加上搜集到的前人有关著作资料，编撰成《王祯农书》。

《王祯农书》全书共36卷，13.6万多字，分为《农桑通诀》《百谷谱》《农器图谱》3个部分，是当时农业生产技术的总结。

1314年，鲁明善到安徽地方做监察官。任职期间，他大力奖励农桑，发展生产。为了帮助农民安排好一年的生产活动，他决心编写一本使用性强、便于农民阅读的农书。于是他刻苦攻读各类书的同时，经常深入农村田间，了解农业生产规律，收集民间农业耕种的经验和知识。日积月累，终于写成了《农桑衣食撮要》。

《农桑衣食撮要》以月令体裁写成，分为12个月，月下条列农事并讲解做法。全书分为上下两卷，共11000多字，其中农事有208条，内容极为丰富。如气象

司农司 我国元朝掌管劝课农桑、水利、乡学、义仓诸事的中央官署。1270年始置，以拟定劝农条画，设立四道巡行劝农司，每道派出劝农使和副使各一人巡行督促、检查农业生产及应兴办水利等事。1270年12月，改为大司农司。1295年，因所括隐占田亩数少，后罢。

■ 王祯《农书》插图

物候，农田水利，作物、蔬菜、瓜类、果树、竹木、桑栽培，蚕饲养，家畜家禽养殖与医疗、役用，养蜂采蜜，粮食和种子保管，副食品加工，衣物保管等。

后世对《农桑衣食撮要》评价颇高，明《永乐大典》和清《四库全书》都予收录。由此可见这部农书在我国农学史上所占的独特的重要位置。

《农政全书》为明代徐光启著。这是一部集前人农业科学之大成的著作。《农政全书》共60卷，70多万字，所采用文献229种，内容宏富，计有农本、田制、农事、水利、农器、树艺、蚕桑、蚕桑广类、种植、牧养、制造、荒政共12目。全书既大量考证收录前代有关农业的文献，又有徐光启自己在农业和水利方面的科研成果和译述，堪称为当时我国农业科学遗产的总汇。

《农政全书》基本上囊括了古代农业生产和人民

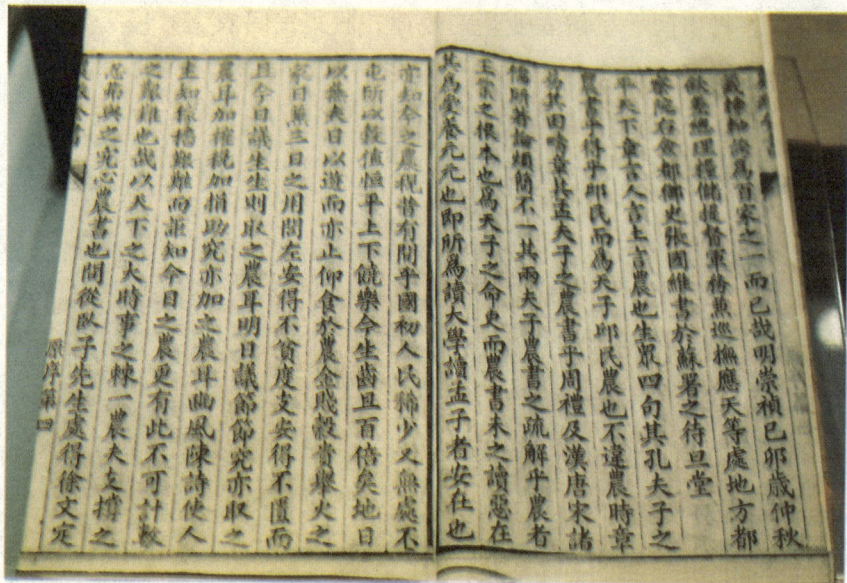

■ 古籍《农政全书》

《豳风》《诗经》中《风》的组成之一，共有7篇作品。"豳"即陕西邠县一带，是周民族的发祥地。周人重农，在《豳风》中有所反映。《豳风》全部产生于西周时期，其中多描写农家生活，辛勤劳作的情景，是我国最早的田园诗。

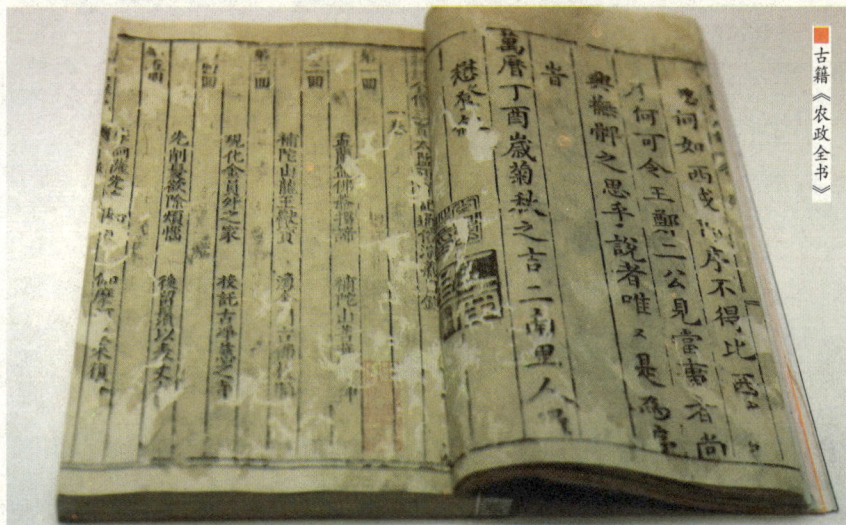

生活的各个方面，而其中又贯穿着一个基本思想，即徐光启的治国治民的"农政"思想。贯彻这一思想正是本书不同于前代大型农书的特色之所在。在这部书中，徐光启建立了一个比较完整的农学体系。

此外，清代著名农学家杨屾写有《豳风·广义》和《蚕政摘要》两本养蚕的书，从种桑到缫丝纺织，都有详细的叙述和总结，对研究古代种桑养蚕技术有很大的参考价值。

阅读链接

我国的古农书，包括现存和已经散失的，据不完全统计，两千多年来总数共有376种，可谓成就辉煌。

这些农书大体分为两大类：一类是综合性农书，一般以作物栽培、园艺、畜牧和蚕作作为基本内容，而又以大田生产为主。有的还包括水产以及农具、水利、救荒、农产品加工等。另一类是所谓专业农书，包括关于天时、耕作的专著，各种专谱，蚕桑专书，兽医书籍，野菜专著，治蝗书等。

总揽河山的古代地理专著

　　传说在我国三皇五帝时期，黄河泛滥成灾，鲧、禹父子二人受命于尧、舜二帝，分别任崇伯和夏伯，负责治水。

　　鲧用"堵"的办法治水失败后，大禹率领民众，与洪水展开了艰

大禹治水壁画

苦卓绝的斗争。面对滔
滔洪水，大禹从鲧治水
的失败中汲取教训，对
洪水进行疏导，经过13
年努力，终于完成了治
水的大业。

大禹治水取得成功
后，建立了大夏王朝，

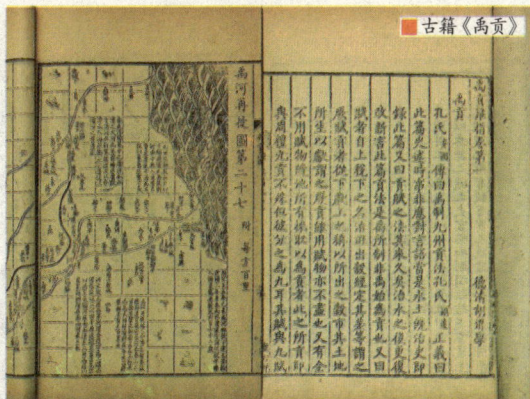
古籍《禹贡》

并把天下分为九州，于是"九州"就成了我国的代名词。而大禹划天
下为"九州"的记载，最初见于我国周初的《尚书·禹贡》中。

《禹贡》是我国古老的地理著作。全书1193字，以山脉、河流等
为标志，将全国划分为9个区，即"九州"，并对每区的疆域、山脉、
河流、植被、土壤、物产、贡赋、少数民族、交通等自然和人文地理
现象，作了简要描述。

《禹贡》分5部分：一为九州，叙述上古时期洪水横流，不辨区
域，大禹治水以后则划分为冀、兖、青、徐、扬、荆、豫、梁、雍九
州，并扼要地描述了各州的地理概况；二为导山，分九州山脉为四
列，叙述主要山脉的名称，分布特点及治理情形，并说明导山的目的
是为了治水；三为导水，叙述9条主要河流和水系的名称、源流、分布
特征，以及疏导的情形；四为水功，总括九州水土经过治理以后，河
川皆与四海相通，再无壅塞溃决之患；五为五服，即以京都为中心，
由近及远，分为甸服、侯服、绥服、要服、荒服，从此，九州安定。

《禹贡》保留了非常重要的远古地理资料，是后世研究古代历史
地理的重要文献，也可见上古先祖们活动的区域。地理学也从此成为
我国古代深得重视的学科。

随着人们对自然及人文地理的认识，到了西汉时期，人们已能绘

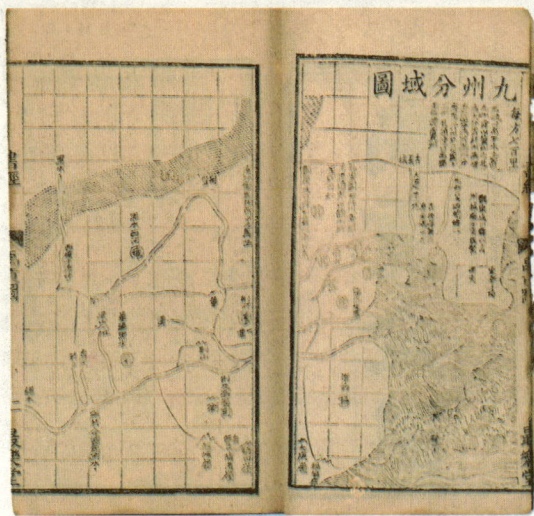
■ 禹贡九州分域图

文苑集成

古代文献与经典专著

制图六体 晋代制图学家裴秀提出的绘制地图的6条原则，是我国最早的地图制图学理论，它正确地阐明了地图比例尺、方位和距离的关系，对以后的地图制作技术产生了深远的影响。唐代贾耽、宋代沈括、元代朱思本和明代的罗洪先等古代制图学家的著名地图，都继承了制图六体的原则。

制精确的地图。东汉时，著名地理学家桑钦著有我国第一部记述水系的专著《水经》，1万多字，简要记述了全国137条主要河流的水道情况。至魏晋南北朝时期，又涌现出裴秀、郦道元这样的对后世有影响的地理学大家。

裴秀字季彦，生于224年，魏晋时期大臣、学者。少年时便颇有名气，时人称赞道："后进领袖有裴秀。"裴秀绘制了《禹贡地域图》，"以《禹贡》山川地名，从来久远，多有变易"，他对历史地理认真研究，方有此作。在《禹贡地域图·序》中，他还提出了绘制地图的6项原则，即著名的"制图六体"，开创了我国古代地图绘制学。

郦道元字善长，生于466年，北魏范阳人。出生于官宦世家。从少年时代起就有志于地理学的研究，喜欢游览祖国的河流、山川，尤其喜欢研究各地的水文地理、自然风貌。郦道元多次出任地方官，他充分利用在各地做官的机会进行实地考察，足迹遍及今河北、河南、山东、山西、安徽、江苏等广大地区，调查当地的地理、历史和风土人情等，掌握了大量的第一手资料。

郦道元每到一个地方，都要游览名胜古迹、山川河流，悉心勘察水流地势，并访问当地长者，了解古今水道的变迁情况及河流的渊源所在、流经地区等。同时，他还利用业余时间阅读了大量古代地理学著作，如《山海经》《禹贡》《禹本纪》《周礼·职方》《汉书·地理志》《水经》等，积累了丰富的地理学知识，为他的地理学研究和著述打下了基础。

郦道元通过把自己看到的地理现象同古代地理著作进行对照、比较，发现其中很多地理情况随着时间的流逝发生了很大变化。如果不及时把这些地理现象的变迁记录下来，后人就更难以弄明白历史上的地理变化。因此，应该对此时的地理情况进行详细的考察，同时查阅古代文献，与古代的地理学著作相印证，将地理面貌的历史变迁尽可能详细、准确地记载下来。

郦道元的《水经注》是我国古代一部全面系统的综合性的地理学专著和散文作品。此外，郦道元以《水经》为纲，作了20倍于原书的补充和发展，实际上已另成专著。

郦道元（约470年—527年），字善长，北朝时北魏地理学家、散文家。他游历秦岭、淮河以北和长城以南广大地区，搜集有关的风土民情、历史故事，撰《水经注》40卷。既是一部内容丰富的地理著作，也是一部优美的山水散文汇集。可称为我国游记文学的开创者，对后世游记散文的发展影响颇大。

■《水经注》书扇

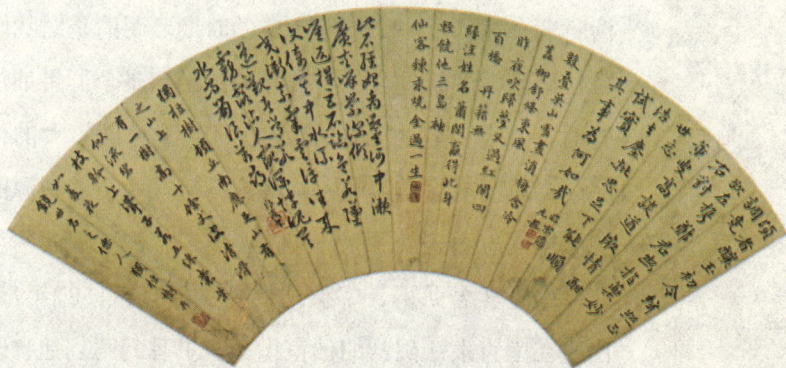

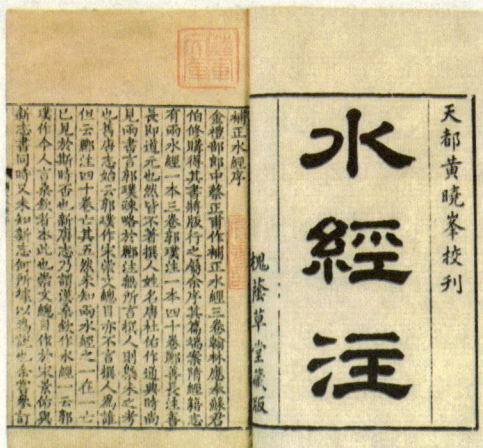
古籍《水经注》

文苑集成

古代文献与经典专著

八股文 也称之为"时文""制艺""制义""八比文""四书文"，是明清科举考试制度所规定的特殊文体。每篇由破题、承题、起讲、入手、起股、中股、后股、束股8部分组成。后4部分是正式议论，中股是全篇重心，在这四段中，都有两股排比对偶的文字，合共八股文。

《水经注》全书共40卷，约30万字，所记水道1389条。逐一说明各水的源头、支派、流向、经过、汇合及河道概况，并对每一流域内的水文、地形、气候、土壤、植物、矿藏、特产、农业、水利以及山陵、城邑、名胜古迹、地理沿革、历史故事、神话传说、风俗习惯等，都有具体的记述。而且旁征博引，详加考求，态度严谨，引用书籍多达437种。

《水经注》以叙述北方水系最为精详，郦道元通过亲身调查研究，对前人讹误多所厘正。

《水经注》一书集我国6世纪以前地理学著作之大成，为历史地理学、水文地理学、经济地理学、考古学、水利学等方面的重要文献，也是魏晋南北朝山水散文中的佳作。

我国古代地理学，经隋唐、宋元的发展，到了明清时期，达到了一个集于大成的时期。明清是对我国古代地理学成就进行了历史性的总结，是个群星灿烂的时期，各种探索成果异彩纷呈。这时最伟大的作品，当属明末徐霞客的《徐霞客游记》和清末魏源的《海国图志》。

徐霞客名弘祖，字振之，别号霞客，1587年1月出生在南直隶江阴县的仕宦世家、书香门第。他自幼天资聪颖，有很强的记忆力。对于不明白的地方，总要打破砂锅问到底。他对"四书五经"和八股文没有很大的兴趣，却特别青睐历史、地理和探讨大自然等方面的书籍。他的阅读面很广，诸如古今史籍、舆国方志、山海国经等，都有所涉猎。看了这些书以后，使得他更加向往五岳等名山。

徐霞客19岁时，父亲病故。3年服孝期满，徐霞客萌发了外出游历的想法，而贤德的母亲也认为好男儿志在四方，对徐霞客的决定给予了极大的支持和鼓励。他22岁就开始外出旅游，历经34年，直到生命结束为止。他先后游历了大半个中国，足迹遍于华东、华北、中南、西南16个省，踏遍名山，游尽胜水。

在漫长的旅途当中，徐霞客为了考察得准确、细致，大都步行前进。披星戴月、风餐露宿，对于所遇的险阻，他都以顽强的斗志去克服，而且无论身体多么疲惫、条件多么恶劣，他都每天坚持写日记。这些旅游日记记录了他的旅途经历、考察的情况以及心得体会，给后人留下了宝贵的地理材料。

徐霞客经34年旅行，写有天台山、雁荡山、黄山、庐山等名山游记17篇和《浙游日记》《江右游日记》《楚游日记》《粤西游日记》《黔游日记》《滇游日记》等著作，除散佚者外，遗有60余万

五岳 就是我国著名的五座山，人们常说"五岳归来不看山"，东岳泰山之雄，西岳华山之险，北岳恒山之幽，中岳嵩山之峻，南岳衡山之秀闻名世界。它们各有千秋，受到许多游客的青睐，许多文人作家也留下了大量的诗文作品。

■徐霞客画像

字游记资料，去世后由他人整理成《徐霞客游记》。世传本有10卷、12卷、20卷等数种，主要按日记述作者30多年间旅行观察所得，对地理、水文、地质、植物等现象，均作详细记录，在地理学和文学上卓有成就。

《徐霞客游记》开辟了地理学上系统观察自然、描述自然的新方向；既是系统考察祖国地貌地质的地理名著，又是描绘华夏风景资源的旅游巨篇，还是文字优美的文学佳作，在国内外具有深远的影响。

在我国古代，人们一直想象在我国的四周是大海环绕，我国则位于中心，其他的国家都在海外。这种观念在古代中国人的头脑中早已根深蒂固，直到明朝末年，外国传教士利玛窦带来了世界地图，人们才知道我国不过处于世界的一隅而非世界的中心。

鸦片战争爆发前，林则徐被任为钦差大臣去广东禁烟，他为了了解外国的情况，组织了一个班子翻译外国的报纸和书籍，他主持汇编的《四洲志》一书，记述了世界五大洲30多个国家的地理和历史。后来，林则徐把《四洲志》的全部资料送给好友魏源。魏源在《四洲志》的基础上写成《海国图志》。

1840年鸦片战争爆发，由于战事的失利，魏源悲愤填膺，爱国心切，于1841年3月，愤然弃笔从戎，投入两江总督、抵抗派将领裕谦幕府，到定海前线参谋战事。于1842

■ 林则徐（1785年—1850年），字元抚，又字少穆、石麟，晚号俟村老人、瓶泉居士等。清代政治家、思想家和诗人。坚持维护我国主权和民族利益深受全世界中国人的敬仰，史学界称他为近代我国"开眼看世界的第一人"。

文苑集成

古代文献与经典专著

■ 魏源（1794年—1856年），原名远达，字默深，一字墨生，又字汉士，号良图，清代启蒙思想家、政治家、文学家。晚清新思想的倡导者，晚年弃官归隐，潜心佛学，法名承贯。他认为论学应以"经世致用"为宗旨，提出"变古愈尽，便民愈甚"的变法主张，倡导学习西方先进科学技术，总结出"师夷之长技以制夷"的新思想，是近代中国"睁眼看世界"的文人之一。

年写成50卷的《海国图志》。

魏源在《海国图志》一书的序中，讲出了著作该书的原因：

是书何以作？曰：为以夷攻夷而作，为以夷款夷而作，为师夷长技以制夷而作。

这就是说，写书的目的，是为了了解"夷情"，帮助人们习其"长技"，以抵御外侮，振奋国威。这给那些妄自尊大，把西方先进的科学技术视为"奇技淫巧"，盲目排外的顽固派，击一猛掌。

魏源在《海国图志》中明确指出，对付外国侵略者，不能"舍其长，甘其害"，而必须"塞其害，师其长"，只有"善师四夷者，能制四夷"。

1847年至1848年，魏源又将《海国图志》增补为60卷本，刊于扬州；到1852年又扩充为百卷本。全书已达500卷之多。这是中国近代史上最早的一部由国人自己编写的有关世界各国情况介绍的巨著。

《海国图志》百卷本，除了以《四洲志》为基础外，先后征引了历代史志14种，中外古今各家著述70多种，另外，还有各种奏折十多件和一些亲自了解的材料。应当注意的是，其史料来源还有外国人的著述。其中，如英国人马礼逊的《外国史略》、葡萄牙人马吉斯的《地理备考》等20种左右的著作。

书中征引中外古今近百种资料，系统地介绍了西方各国的地理、历史、政治状况和许多先进科学技术，如火轮船，地雷等新式武器的制造和使用。所记各国气候、物产、交通贸易、民情风俗、文化教育、中外关系、宗教、历法、科学技术等，都超过了前书。所以有人誉《海国图志》为国人谈世界史地之"开山"。

《海国图志》不但详细记载外国情况，还首次从理论上肯定了研究世界史地的必要性。

《海国图志》向人们提供了80幅全新的世界各国地图，又以66卷的巨大篇幅，详叙各国史地。这样，使当时的中国人通过《海国图志》这一望远镜，开眼看世界。既看到了西洋的"坚船利炮"，又看到了欧洲国家的商业、铁路交通、学校等情况，使中国人跨出了"国界"，认识近代世界的新鲜事物。

《海国图志》不愧是我国近代思想史和史学史上的一部杰作，它对海内外起过深远的影响。梁启超赞誉说："治域外地理者，源实为先驱。"

阅读链接

《山海经》中记载了大量神话，但不能以貌似怪诞而简单地贴上神话标签，不重视其所传述的历史内涵。其实原始初民正是通过神话传说，将重要的历史事件和人物记录下来。

史载孔子解读神话的故事，为我们解读《山海经》中的神话提供了一种方法。有一次，子贡问孔子说，为什么传说黄帝有4个面孔？孔子回答，这是黄帝任用了4个与自己意见相同的人去治理四方，他们彼此不用协商就和谐一致，这就叫四面，并非黄帝真有4个面孔。

文娱博雅

　　琴棋书画，花鸟虫鱼，古称"八艺"。"八艺"一向被视为达官贵人、文人墨客、隐士逸民修身养性的雅文化。我国古人非常重视精神追求，强调琴棋书画、花鸟虫鱼对人精神的陶冶作用，并一直向往诗情画意的生活情趣，因此，历代对各种文娱活动也多有研究，并涌现出许多这方面的专著。

　　这些专著包括书画论著、琴棋墨砚专著、鼎彝古币考古类专著以及茶酒花鸟类著作等。形式上图文并茂，内容上丰富多彩，体现了古人丰富的精神世界与追求。

精辟深邃的古代书画专著

我国绘画史上第一篇系统的绘画品评专著、国画论著作，是南北朝时谢赫的《古画品录》。谢赫在书中言道：

画有六法，罕能尽该。而自古及今，各善一节。六法者何？一，气韵生动是也；二，骨法用笔是也；三，应物象形是也；四，随类赋彩是也；五，经营位置是也；六，传移模写是也。

■ 谢赫（479年—502年），我国南朝齐梁间画家，绘画理论家。善作风俗画、人物画。他的主要著作是《古画品录》，为我国最古的绘画论著。评价了3世纪至4世纪的重要画家。提出了我国绘画上的"六法"，成为后世画家、批评家、鉴赏家们所遵循的原则。

《古画品录》品评三国至齐梁画家27人，共分六品，并以品第为次序。第一品陆探微、曹不兴等5人；第二品列顾骏等3人；第三品列姚昙度、顾恺之等9人；第四品列蘧道愍等5人；第五品列刘等4人；第六品为宗炳、丁光。

顾恺之是杰出的画家，在东晋声名卓著，谢安曾推崇为"自生人以来未有也"。谢赫强调变古、创新，他将顾恺之列为第三品，反映了他的创作倾向，折射出与时而变的理论意义。

《古画品录》对后世产生巨大影响的，是首次提出关于"六法"的理论。"六法"远承先秦以来儒家所讲的"六气""六律""六诗"，贾谊《六术》中所讲"六理""六法""六行""六美"等概念，近参刘勰《文心雕龙·知音》以"六观"论诗文优劣，使绘画理论从创作技巧到批评准则上升到自成体系的阶段。

庾肩吾是我国南朝梁代著名的书法评论家，文学家，官至度支尚书。他的《书品》，与谢赫的《古画品录》、钟嵘的《诗品》、沈约的《棋品》等，构成了这一时期的"品"文化现象，盛极一时，对以后的文艺批评有着极大影响。

其中庾肩吾《书品》既是前人书法品评经验积累

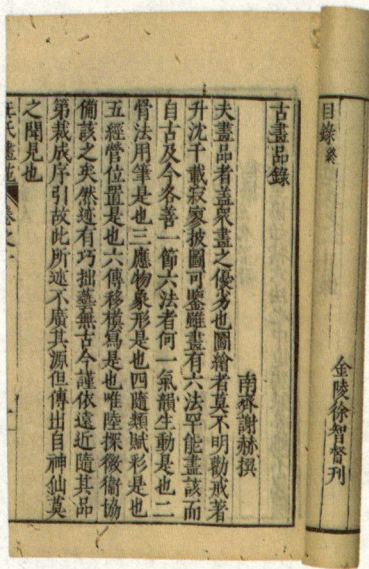
■ 古籍《古画品录》

钟嵘（约468年—约518年），字仲伟，颍川长社（今河南长葛）人，我国南朝文学批评家。曾任参军、记室一类的小官。513年以后，仿汉代"九品论人，七略裁士"的著作先例，写成诗歌评论专著《诗品》。全书以五言诗为主，将两汉至梁作家122人，分为上、中、下三品进行评论。《隋书·经籍志》称其为《诗评》。

中书舍人 古代官名。舍人始于先秦，本为国君、太子亲近属官，魏晋时于中书省内置中书通事舍人，掌传宣诏命。隋唐时，中书舍人在中书省掌制诰，多以有文学资望者充任。隋炀帝时曾改称内书舍人，武则天时称凤阁舍人。

下的产物，又是"品"文化现象盛行的代表作。

庾肩吾把汉至齐梁的123位书法家按上上、上中至下中、下下的九品法论列，与曹魏时创立的一种人才选拔制度九品中正制相类似，所谓"上""中""下"源于《论语》把人分为"上智""中人""下愚"之说。

南朝姚最的《续画品》，是谢赫《画品》的续作，共录有20人。对各人所作，均有简要评价，其中对谢赫的评价比较详细。

《续画品》接受了谢赫所倡"六法"，在评论萧绎时，对宫廷画家沈标、沈粲、焦宝愿等都有肯定，其创作思想与谢赫颇为接近。

《续画品》与谢赫显著不同的，在于对顾恺之的评价，姚最认为顾恺之"矫然独步，终始无双"。从兼及对其他画家的评价，可知姚最在赞赏"宫体"画时，对文人画也极为欣赏，对画家的批评较为宽容。

《续画品》在理论上有一定建树。姚最强调"心师造化"，即画家要对生活积累、对反映真实予以足够重视。另一方面，姚最又强调了画家天才禀赋的重要意义。

到了唐代，中书舍人、吏部员外郎唐裴

■ 《续画品》收录的古画

■《贞观公私画录》
中收录的名画

源于639年撰《贞观公私画史》，又名《贞观公私画
录》。旨在著录古画名目，并品评高下。将"魏晋以
来，前贤遗迹所存，及品格高下，列为先后"，实际
上以刘宋时陆探微为首。而书中所载多为隋代官库
本，当是隋室旧藏。

　　从《贞观公私画录》序中可知，此书共著录298
卷，壁画47处；其中隋唐官本计230卷，得之于杨素
家20卷，余者为许善心、褚安福等人所进。并辨其中
33卷恐非晋宋人真迹。

　　《贞观公私画录》于每件作品先列画名，再列作
者，并注明是否已收入该目。此书堪称著录名画之
祖，可据以考知贞观前名画的存世情况，为研究画史
者所宝重。

　　唐代张彦远出身于收藏世家，他从小耳濡目染，
在书画方面学到了不少知识，日积月累，练就了一双

张彦远 （815
年—907年），
我国唐代画家、
绘画理论家。字
爱宾。出身宰相
世家，曾任舒州
刺史、左仆射补
阙、祠部员外
郎、大理寺卿。
家藏书法名画甚
丰，精于鉴赏，
擅长书画。

翰林学士 官名。学士始设于南北朝，唐初常以名儒学士起草诏令而无名号。至唐玄宗时，于翰林院之外别建学士院，选有文学的朝官充任翰林学士，入值内廷，批答表疏，应和文章，随时宣召撰拟文字，有"内相"之称。

古代文献与经典专著

■ 古籍《法书要录》

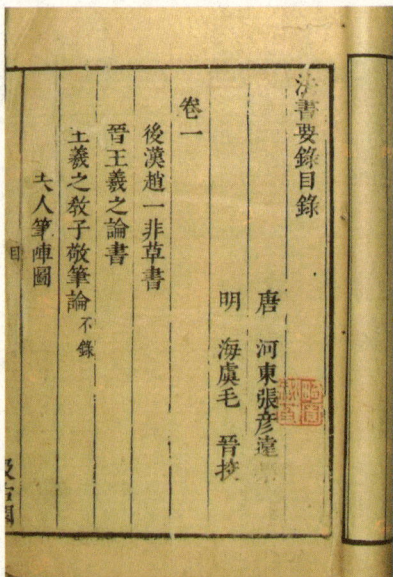

"法眼"。他自称对于"收藏鉴识，有一日之长"。

张彦远根据传家之宝，悉心研讨书学画理。他深刻地认识到，自古以来，有名的书画流传虽多，但许多人并没有真正认识到它们的价值，因此也没有真正发挥它们的作用。

同时，战争、动乱的破坏，足以使大量珍贵书画毁于兵火之中；至于有些人假收藏之名，行"藩身"之实，以名家之画作为加官晋爵的手段，乃至成为一时风气，这就更值得后人引以为戒了。

所有这些，张彦远认为都会给绘画艺术的发展带来极大的阻碍。为此，他萌发了编写一本记述历代画家、作品的著作的想法。他的两部著作《历代名画记》和《法书要录》分别就绘画和书法搜集了丰富的前代的材料，尤其前一书更提出了自己的见解，是对于我国古代美术科学研究工作的重要贡献。

《历代名画记》成书于847年，是张彦远盛年之力作。全书10卷，可分为3部分：一是对绘画历史发展的评述与绘画理论的阐述；二是有关鉴识收藏方面的叙述；三是原书卷4至卷10是370余名画家传记，始自传说时代，终于841年，大体按时代先后排列，或一人一传，或父子师徒合传，内容有详有略，大略包括画家姓名、籍里、事迹、擅长、享年、著述、前人评论及作品著录，并有张彦远所列的品级及所作的评论。

《法书要录》10卷，辑录了从东汉至唐元和年间的书法理论著作共39种，为传世最早的书论专集。其中34种皆具录原文；未见原书者，则存其目。

《法书要录》无论从体例，或者从内容来看，均在我国书学史上有相当重要的地位，尤其是其对历代名迹的收集、鉴别和保存上所做

■ 古籍《唐朝名画录》

出的杰出贡献，使它成为后世书法研究者所必不可少的参考资料。

唐宪宗时，翰林学士朱景玄酷爱画艺，多方寻访，不见者不录，见者必录，为明其善恶，别其高下，根据当时书法世家张怀瓘《书断》以神、妙、能三品论定书法家成就高下的体例，并仿效李嗣真《书后品》标出的"逸品"的办法，列于神、妙、能三品之外，再加上对所品评的画家的生平事迹和画艺特长所写的评传，著成了我国最早的一部断代画史《唐朝名画录》。

《唐朝名画录》著录唐代画家124人，以"神、妙、能、逸"四品品评诸家，其中"神、妙、能"又分上、中、下3等。其本文则各为略叙事实，据其所亲见立论，神品诸人较详，妙品诸人次之，能品诸人更略，逸品三人又较详。

《唐朝名画录》是一部关于唐代画家情况的较详记录。其资料来源，部分引自唐人有关著作，部分为作者亲自采访收集。对于时代较近画家、与作者同时画家，本书尤多记述，故在绘画史料上具有《历代名画记》不可替代的价值。

米芾画像

文苑集成

古代文献与经典专著

米芾（1051年—1107年），初名黻，字元章。北宋著名书法家、鉴定家、画家、收藏家。北宋四大书法家之一。时人号"襄阳漫士""海岳外史"，自号鹿门居士。曾被召为书画学博士，擢礼部员外郎。他的代表作品有《草书九帖》《多景楼诗帖》《珊瑚帖》《蜀素帖》等。

《唐朝名画录》写作态度颇为严肃，所列史料，亦大多翔实可信。在编写方法上，本书开创了以分品列传体编写断代画史的先例，对后代产生了深远影响。

随着书画理论发展的深入，唐代以后的论书之著多不拘泥于品评一体，而渐融于内容广泛、繁富的书论之中。

到了宋代，宋高宗赵构的《翰墨志》，米芾的《画史》《宝章待访录》和《海岳名言》，以及由北宋官方主持编撰的宫廷所藏绘画作品的著录著作《宣和画谱》，都是书画理论的专著。

宋高宗的《翰墨志》亦称《评书》《高宗翰墨志》《思陵翰墨志》，原为论书25则，后存22则。古人论书，人云亦云者多，宋高宗赵构则直抒己意，多独到之处。

比如，宋高宗不同意王羲之书《兰亭集序》"似有神助"之说，认为它受人重视，是因其字数最多。

再如，宋高宗不同意世俗认为石砚以有眼为贵，认为是以密理坚致、潴水发墨为优。他主张学书须先学正书，学草者亦不可不兼学正书，因正书八法皆备，不相附丽。

宋高宗于北宋举李建中、蔡襄、李时雍以及苏、黄、米、蔡"四大家"，皆有褒有贬，唯对于米芾的行草极为称许，认为米芾得能书之名，似无负于海内，书中记载的米芾逸事也很多。

宋高宗本人对于"魏晋以来至六朝笔法，无不临摹"，但又专精《兰亭集序》一种，以至"详观点画"，竟然到了"成诵"的地步，凡50年间未有一日舍笔墨。

米芾是北宋书法家、画家，书画理论家。他天资高迈、人物萧散，个性怪异，好洁成癖，举止癫狂，因而人称"米癫"。宋徽宗曾诏为书画学博士，人称"米南宫"。

米芾的《画史》记录了他收藏、品鉴古画以及自己对绘画的偏好、审美情趣、创作心得等，这是研究他的绘画的最好依据。

米芾的《宝章待访录》成书于1086年秋，分为"目睹""的闻"两大部分，所录84件晋唐品，开后世著录之先河，影响颇大。甚至有专门模仿此书体例的论著，如明代张丑撰《张氏四表》。

米芾的《海岳名言》皆为他本人平时论书之语，反映出米芾的书学美学思想。

宋王朝自建国初期，即重视开展古书画搜访工作。宋徽宗时，内府收藏日趋丰富，于是将所藏历代著名画

王羲之 （303年—361年），字逸少，号澹斋，琅琊临沂人。东晋书法家有"书圣"之称。他擅长书法，独创圆转流利之风格，隶、草、正、行各体皆精，书法平和自然，笔势委婉含蓄，道美健秀，被奉为"书圣"。其行书《兰亭集序》《快雪时晴帖》，草书《初月帖》，正书《黄庭经》《乐毅论》最著名。

■ 米芾书法

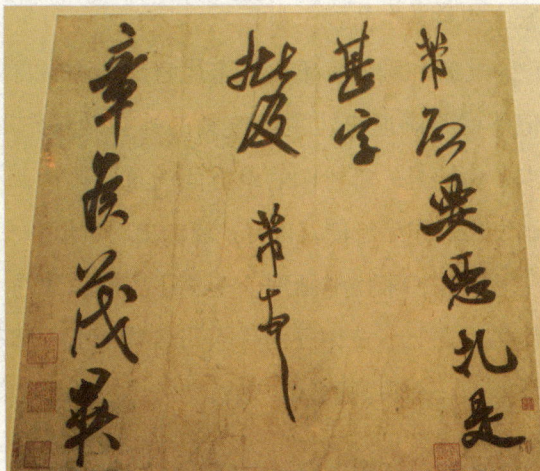

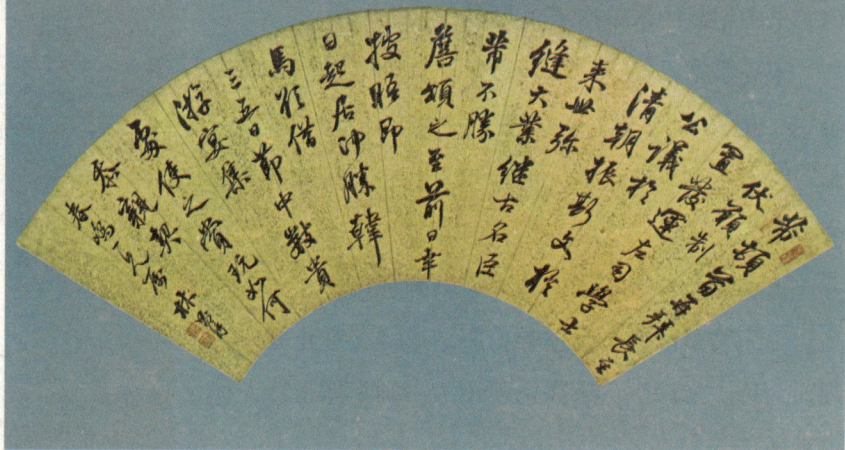
临米芾行书帖扇

家的作品目录编撰成《宣和画谱》，以备查考。有人认为作者是宋徽宗赵佶本人，也有人认为是由蔡京、米芾所编。就书中内容和文风考察，似在宋徽宗的授意和参与下，由官方组织人力，集体编写而成。

《宣和画谱》20卷，成书于1120年。书中共收魏晋至北宋画家231人，作品总计6396件。并按画科分为道释、人物、宫室、番族、龙鱼、山水、畜兽、花鸟、墨竹、蔬果10门。每门画科前均有短文一篇，叙述该画科的起源、发展、代表人物等，然后按时代先后排列画家小传及其作品。

《宣和画谱》不仅是宋代宫廷绘画品目的记录，而且还是一部传记体的绘画通史，主张绘画的社会教育作用。虽然本书存在不少缺点，但仍是一部绘画著录方面的重要典籍，对于研究北宋及以前的绘画发展和作品流传，仍有一定的史料价值。

此外，宋代书画理论专著还有刘道醇的《五代名画补遗》和《宋代名画评》、黄休复的《益州名画录》、郭若虚的《图画见闻志》、郭熙的《林泉高致》、朱长文的《墨池编》等，反映了宋代书画理论的显著成果。

到了元代，有书家盛熙明编著的书法理论著作《法书考》，全书8卷：卷1《书谱》分两部分，一为集评，二为辨古；卷2《字源》分两部分，一为梵音，二为华文；卷3《笔法》分两部分，一为操笔，二为挥运；卷4《图诀》分两部分，一为图诀，二为偏旁；卷5《形势》分两部分，一为布置，二为肥瘠；卷6《风神》分3部分，一为性情，二为迟速，三为方圆；卷7《工用》分3部分，一为宗学，二为临摹，三为丹墨。卷4至卷7皆采录成说。卷8《附录》分两部分，一为印章，二为押署、跋尾。

《法书考》是盛熙明依个人学书经验和摘录前人书论著述编撰而成，并且保存了一部分书法史料，对研究书法史具有一定价值。此书前有元代虞集、欧阳玄、揭傒斯3人序言，后有清代朱彝尊跋。据元代著名史学家、文学家揭傒斯序称：书成于1331年，1333年由奎章阁承制学士沙剌班进呈，藏于禁中。

明清时期，是我国品评绘画风格的时期，画品著作在宋代以后逐渐减少，明代虽有复兴，其体例却有

朱彝尊（1629年—1709年），号竹垞，晚号小长芦钓鱼师，又号金风亭长。清代著名词人，学者。1679年举博学鸿词，以布衣授翰林院检讨，入直南书房，还曾参加纂修《明史》。以他为代表的浙西词派和以陈维崧为代表的阳羡词派在词坛并峙称雄。

■ 王穉登行书扇面

■《中麓画品》插图

黄钺 （1750年—1841年），字左田，又名左君，号壹斋、左庶子。清代大臣。历职27年，忠于职守，有政声。工诗文、书画。著作颇丰，有《壹斋集》《韩诗增注正讹》《萧汤二老遗诗合编》《画友录》《二十四画品》等。

很大的不同，虽用传统的品评术语，但是已经无意于品第高下优劣之分，而是倾向对笔法与风格的分析与品评，其代表是《中麓画品》和《吴郡丹青志》。

《中麓画品》是以诗文、散曲闻名的李开先的品评绘画的著作，全书1卷，成书于1541年。此书品评明人绘画，与向来上、中、下3等或神、妙、能、逸四品不同，其独创五品之分，每品中并陈优劣。

《吴郡丹青志》是明代诗人王稺登所著的画史传、品评，全书1卷，成书时间约在1600年。品评记录元至明中期苏州地区的画家，分神品、妙品、能品，又有遗者、栖旅等分别评论，各为传赞，共录画家沈周、沈贞吉、恒吉、唐寅、文徵明、仇英、黄公望、张羽等20人。提出"韵致"说，强调绘画要想"种种妙绝，出人意表"。作为当时的评语，是研究明代苏州地区绘画及画家的参考。

清代出现了对风格学研究的突破，其代表就是清代大臣黄钺的《二十四画品》；另一方面，"神逸能妙"从明代开始作为等级符号已处在非常次要的位置，特别是清末秦祖永的"神逸能妙"更是偏于艺术风格的论述。

黄钺在绘画艺术上经过多年的实践和探索，将自己积累的经验进行理论概括，仿照唐司空图撰写的中国古代文集约名著《二十四诗品》的体例，撰成画学专著《二十四画品》一书。

《二十四画品》运用四言韵语，把各种绘画艺术风格概括为：一气韵，二神妙，三高古，四苍润，五沉雄，六冲和，七淡远，八朴拙，九超脱，十奇辟，十一纵横，十二淋漓，十三荒寒，十四清旷，十五性灵，十六圆浑，十七幽邃，十八明净，十九健拔，二十简洁，二十一精谨，二十二隽爽，二十三空灵，二十四韶秀。每品项下各有四言释义一篇，每篇一韵，每韵十二句。整部著作文词典雅，清丽可诵，表现了栩栩如生的艺术形象。

黄钺深受司空图的影响，虽也不排斥沉雄、纵横、淋漓、健拔等风格，但更为推崇冲和、淡远、荒寒、清旷、幽邃、空灵等境界，这与当时文人士夫的审美趣尚是一致的。

阅读链接

明清时期是我国封建社会的后期，文化虽然趋于保守，但绘画领域却出现许多富有特色的流派与个性强烈的画家，各领风骚，树帜画坛。

明初崇尚宋代画风的画家遍于宫廷、民间。清代画派林立，摹古、创新各行其道。清代文人画、西洋画对宫廷绘画产生了影响；随着商品经济的发展，文人还以画为生、以画泄愤，金石书法的刚健之风也融入了绘画。清代民间绘画更加世俗化、商品化。清代绘画呈现的奇变倾向，为我国近代绘画改革做好了准备。

高雅怡情的琴棋墨砚印专著

礼乐是我国古代文明的重要组成部分，早在西汉时期，孔子的再传弟子公孙尼子就作有儒家音乐专著《乐记》，汉成帝时被收入戴圣所辑《礼记》第十九篇。

公孙尼子画像

《乐记》约5000余字，包括11子篇：《乐本篇》《乐论篇》《乐礼篇》《乐施篇》《乐言篇》《乐象篇》《乐情篇》《魏文侯篇》《宾牟贾篇》《乐化篇》和《师乙篇》。

《乐记》体大精深，以儒家思想为主，包容其他各派思想，谈到音乐的本源、音乐的特点、音乐与政治的关系、音乐与社会价值、音乐形式与内容的关系等

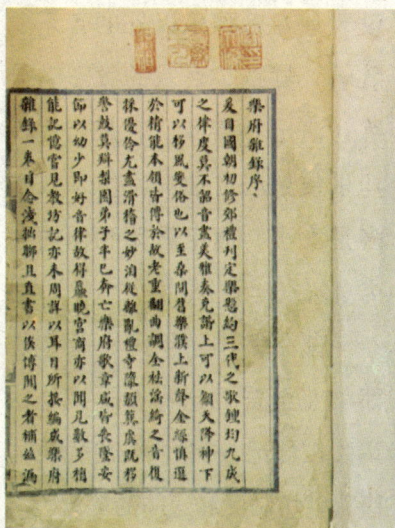

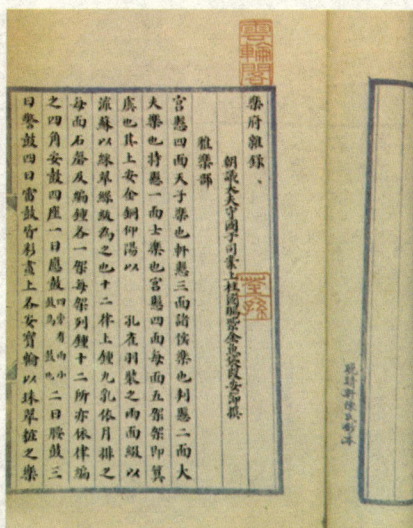

■ 古籍《乐府杂录》

问题，余篇仅留篇目，由篇名看，涉及乐器演奏、音乐创造、音律理论等问题。作为先秦儒学的美学思想的集大成者，其丰富的美学思想，对两千多年来古典音乐的发展有着深刻的影响，并在世界音乐思想史上占有重要的地位。

唐代时，有宰相段文昌之孙、太常少卿段成式之子段安节，山东邹平人，自幼善音律，能自度曲，后为诗人温庭筠之婿，任朝议大夫，官至吏部郎中、沂王傅。

段安节撰有《乐府杂录》，又名《琵琶录》《琵琶故事》，共一卷。首列乐部9条，次列歌舞俳优3条、乐器14条、乐曲13条，最后是《别识五音轮二十八调图》。此书兼及歌、舞与俳优，留下了唐代历朝著名歌者和乐器演奏手的事迹，及舞蹈、技法、百戏的有关史料。

唐代教坊是古代管理宫廷音乐的官署，唐代开始

温庭筠（约812年—866年），本名岐，字飞卿。唐代诗人、词人。富有天才，文思敏捷，精通音律，每入试，押官韵，八叉手而成八韵，所以也有"温八叉"之称。与李商隐齐称"温李"。代表作品有《商山早行》《过陈琳墓》《菩萨蛮十四首》等。

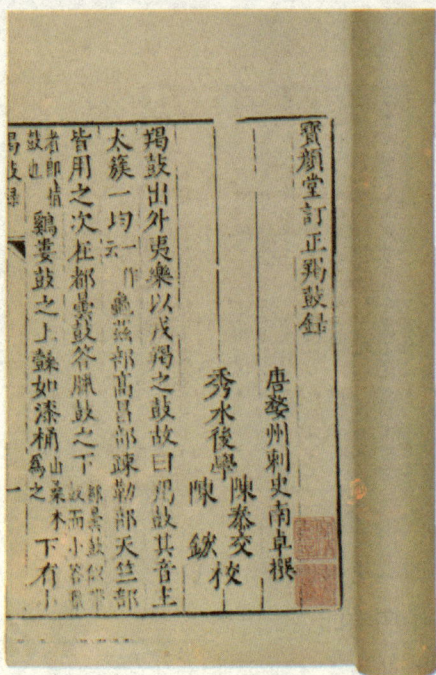

■ 古籍《羯鼓录》

西域 狭义上是指我国玉门关、阳关以西，葱岭即今帕米尔高原以东，巴尔喀什湖东、南及新疆广大地区。而广义的西域则是指凡是通过狭义西域所能到达的地区，包括亚洲中、西部，印度半岛的地区等。

设置，专管雅乐以外的音乐、歌唱、舞蹈、百戏的教习、排练、演出等事务。它是唐代宫廷乐伎聚居之地。教坊乐伎大多是女子，演出歌舞和乐曲，为皇家宫廷服务。

唐玄宗开元年间，著作佐郎、左金吾卫仓曹参军崔令钦撰《教坊记》1卷，是唐代记述唐代教坊制度和逸闻的笔记。

羯鼓是一种古代打击乐器，南北朝时经西域传入中原，盛行于唐开元、天宝年间。唐玄宗李隆基及宰相宋璟等，都善于击羯鼓，以绝技著称，鼓曲因此风靡一时。

唐宣宗大中年间，洛阳令南卓经常与著名诗人白居易、刘禹锡宴会游玩，谈起当时传入我国的西域民族乐器羯鼓，白居易、刘禹锡便劝他写出来，于是南卓就撰写了《羯鼓录》。

《羯鼓录》分前、后二录。前录成于848年，后录成于850年。此书保存了关于唐代乐器羯鼓的珍贵资料，与《教坊记》一样，是研究唐代音乐艺术、宫廷生活和社会风气的重要典籍。

北宋时期，在文艺之风盛行的江苏苏州朱家诞生了一个男婴，取名朱长文，希望他长大后能以文立世。其祖朱忆官至刑部尚书，家有藏书2万卷。朱长文19岁中进士，因坠马伤足，家居凡20年，饱览群书，筑藏书楼为"乐圃坊"，当时有名人士大夫以不到"乐圃坊"为耻，其藏书多有珍本秘籍，"乐圃坊"藏书闻名于京师。

有宋一代，文教大昌。文史政治的实施，使宋王朝文化自初始之时就弥漫着浓郁的书卷气息，呈现出一种博大精深的人文气息，以致文教风流，浸润两宋。朱长文秉承着文人士大夫著书立说、彰显雅趣的传统，撰写了我国历史上第一部琴史专著《琴史》。

《琴史》共6卷，前5卷为历代琴家的述评，从先秦到北宋计156人，末卷为专题评论。作者将历代散见的有关材料首次作出汇集和整理，按一定体例编辑成书，并提出不少有价值的见解，是研究琴史的主要著作。

除《琴史》外，朱长文还有《乐圃文集》100卷，以及《琴台志》《墨池阅古》等音乐类专著。

到了明代，琴乐类专著主要有严澄1614年的虞山派传谱《松弦馆琴谱》，初版收22支曲，再版陆续增至29支曲。书中有编者所撰《琴川谱汇序》，批判了当时在琴曲中滥填文词的风气。本书为《四库全书》所收的明代唯一琴谱，在琴界有较大影响。

清代时，1677年休宁人

严澄（1547年—1625年），字道澈，号天池、天池居士、樱宁生。明代琴家。精于琴学，造诣甚深，结琴川琴社，以京师沈大韶之长补琴川派之短。演奏风格"清徽淡远"。为虞山琴派之创始人，对后世影响很大。他的传世墨迹有《王宠自书诗卷题跋》以及《题画诗》轴等。

131

娱乐大观

文娱博雅

■ 清代程雄编《松风阁琴谱》

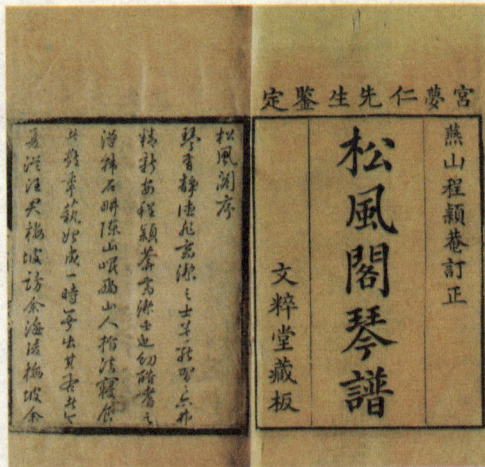

程雄选定《松风阁琴谱》，收11支曲，均注明来源。其中包括韩石耕等人的传谱。另附《抒怀操》1卷，收37支曲。后人评价说：

> 谱中所增诸法，多出雄之新意，指法亦较他谱增倍。醉渔诸曲，更欲曼衍声调，以博趣于弦轸之外，可谓心知其意者。

"琴棋书画"是古人注重精神生活的四大雅事，因此，棋类和与书画相关的墨、砚、印，也成为日常评议的话题，这方面的文章、专著非常丰富。

古今之戏，流传最为久远者，莫如围棋，一般游戏都是为了热闹，而围棋则是"取其寂静"，这是对心智的考验与磨炼。

围棋相传起源于尧，到了春秋战国时便已有史料记载围棋活动了，一些关于围棋的简单理论也时有出现，"举棋不定"的典故便出自于《左传》之中。秦

围棋 一种策略性二人棋类游戏，使用格状棋盘及黑白二色棋子进行对弈，过程中围地吃子，以所围"地"的大小来决定胜负。我国古时有"弈""碁""手谈"等多种称谓，属琴棋书画四艺之一，也被认为是世界上最复杂的游戏之一。

■ 宋代围棋子

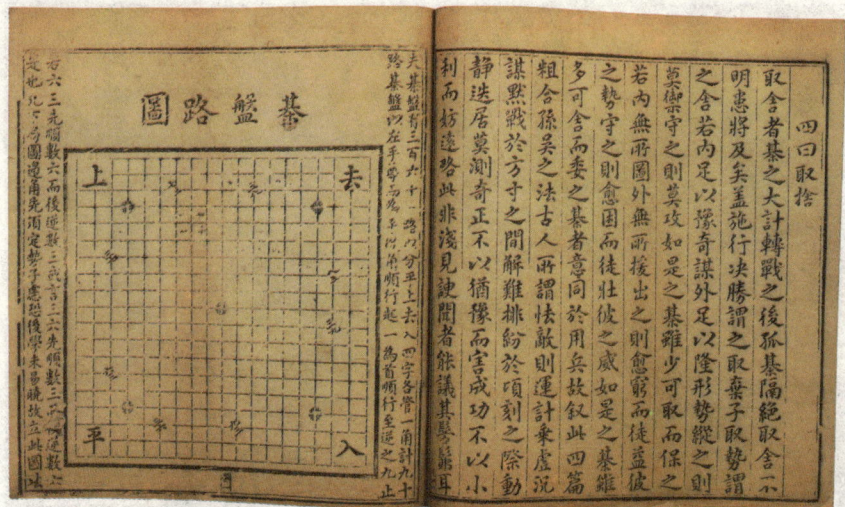

■ 古籍《棋经》

汉以后，随着围棋被重视的程度的加强，围棋论述也渐渐多了起来，但始终没有形成系统。

宋代对围棋的喜爱，之于前朝历代都有过之而无不及，从开国皇帝宋太祖、宋太宗直到宋徽宗，都对围棋情有独钟。"上若好之，下必甚焉"，在他们的积极倡导之下，宋代围棋活动极为普遍，老妪山翁、贩夫走卒皆可对弈，并涌现出了以一代棋坛宗师刘仲甫、李逸民为代表的大批杰出国手，宋代也成为第一个围棋圣朝。

宋代是我国围棋走向成熟、系统的开端，也是我国古代围棋的第一次高峰，后经过几千年的发展演化，围棋战术逐渐成熟和提高，对战理论也趋于系统和完善。

宋代的印刷出版技术也发展到了一个空前的水平，这一切都呼唤着我国围棋史上一部经典著作的诞生。宋代李逸民编写的《忘忧清乐集》正是集围棋千

棋待诏 始于唐朝。翰林院设置"棋待诏"这样的官职，用以招揽更多的围棋高手。唐玄宗以前，棋手候命于翰林院，等待天子宣召，并无官称。唐玄宗时才正式定为官职，即"棋待诏"。这种官职没有品秩，属于使职差遣之类，在翰林院中的地位比较低微。

古人下围棋塑像

年发展大成的第一部传世经典。

　　李逸民是宋代棋坛一代宗师，曾被钦点为翰林院棋待诏。"棋待诏"这一职务始于唐玄宗，宋代沿袭唐制。李逸民便是用他的《忘忧清乐集》记录了宋代的棋弈盛况。

　　宋代还出现了一部在我国围棋发展史上占有特殊地位的著作《棋经》，作者为北宋棋手、围棋理论家张拟。

　　《棋经》又名《棋经十三篇》，全书涉及规格等级、品德作用、术语、战略战术等，理论较为全面，还记载了一些善博弈者的名字，书中常引经传中的句子，来说明博弈之道由来已久，并用经典语作为每片的结尾：

　　　　虽小戏，亦归之于正，且隐藏绝大智慧。

　　宋代著名棋手还有山东济阳人刘仲甫，字甫之。他是宋哲宗、宋徽宗时独霸棋坛、所向披靡的大国手，居开封时为翰林院棋待诏，擅名20余年，人称其技艺较唐代王积薪高"两道"。他曾于1094年与名手杨中和、王珏、孙先会于彭城市楼联棋，是我国最早的联棋棋谱"成都府四仙子图"。

刘仲甫著有《忘忧集》《棋势》《棋诀》《造微》《精理》诸集，述其弈棋之技巧与心得，但只有《棋诀》存留后世。

《棋诀》包括布置、侵凌、用战、取舍四大部分，这是技巧部分，刘仲甫在最后言明弈棋之心得：

棋者意同于用兵，故叙此四篇，粗合孙吴之法。古人所谓"怯敌则运计乘虚，沉谋默战于方寸之间，解难排纷于顷刻之际。动静迭居，莫测奇正。不以犹豫而害成功，不以小利而妨远略"。此非浅见谀闻者能议其仿佛耳。

李逸民的《忘忧清乐集》收集了围棋理论著作3篇：张拟的《棋经十三篇》、刘仲甫的《棋诀》以及张靖的《论棋诀要杂说》，这些围棋理论著述，无不是我国围棋史上最早刊载的珍贵资料。

《忘忧清乐集》书名出自宋徽宗诗"忘忧清乐在枰在棋"。甄选前代及本朝名家弈谱50余图局。其中记载的"孙策诏吕范弈棋局面""晋武帝诏王武子弈棋

孙策（175年—200年），字伯符，吴郡富春人。孙坚长子，孙权长兄。东汉末年割据江东一带的军阀，汉末群雄之一，三国时期吴国的奠基者之一。为继承父亲孙坚的遗业而屈事袁术，后脱离袁术，统一江东。孙权称帝后，追谥孙策为长沙桓王。

■古籍《忘忧清乐集》

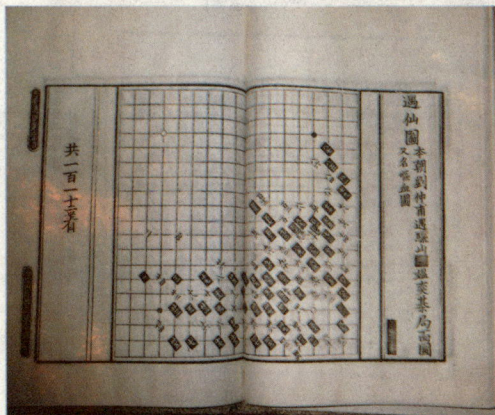

局"等图局，为最早的棋局，这对考察我国古代围棋脉络具有极高的史料和文献价值。

在墨、砚、印方面的专著，也自宋代文风极盛时开始产生。如《文房四谱》即为宋代苏易简撰，该书共5卷，分为《笔谱》《纸谱》《墨谱》《砚谱》，涉及笔、砚、纸、墨产生的根源、制造的工艺、流传的故事以及诗词赋文等内容。

《笔谱》卷集中介绍了蒙恬的狐毛笔制作方法，韦仲将的兔羊毫笔制作方法。《砚谱》卷对砚石的色泽、硬度、韧性、渗透性、冷热适应能力以及制作方法和外形等都有详细的介绍，同时还介绍了作澄泥砚法，这是我国古代造砚艺术的萌芽，也是我国古代制陶技术的一项重大革新。《纸谱》卷中说，造纸原料其实远不止破布、渔网，还介绍了用麻束造玉屑和屑骨等造纸技术。《墨谱》卷是第一次记载墨的生产工艺的文字。

《文房四谱》中各谱的体例大致相同，首先叙事，次讲制作，三是杂说，四为辞赋。叙事重在说明定义、沿革及产地；制作则重在介绍制造技术；杂说讲述典故和逸闻；辞赋汇集了有关赞咏"文房四宝"的诗词。全书首尾相映，浑然一体。

宋代墨、砚类专著还有唐积《歙州砚谱》、高似孙的《砚笺》，以及无名氏的《歙砚说》《端溪砚谱》等。

元代棋手严德甫主编了一部比较著名的围棋著作《玄玄棋经》，又名《玄玄集》，由晏天章帮助整理刊刻。

136
文苑集成
古代文献与经典专著

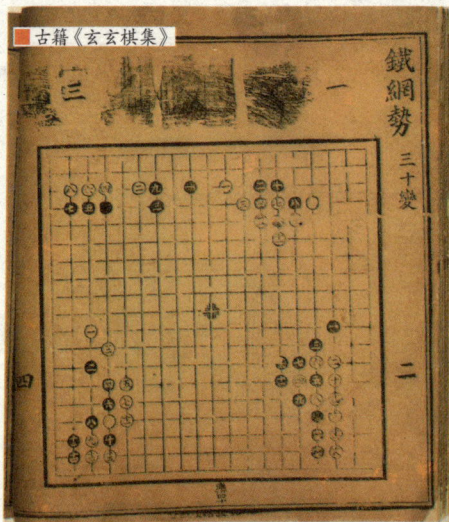
古籍《玄玄棋集》

■ 古人下围棋塑像

《玄玄棋集》书名取自老子《道德经》的"玄之又玄，众妙之门"，用来比喻棋图著法精妙。因卷首冠以张拟的《棋经十三篇》，后人称《玄玄棋经》。

《玄玄棋经》分为"礼""乐""射""御""书""数"6卷，内容比《忘忧清乐集》还要丰富。第一卷也是文字部分，收有班固《弈旨》、马融《围棋赋》、皮日休《原弈》、吕公《悟棋歌》《四仙子图序》、张拟《棋经十三篇》、刘仲甫《棋诀》等篇。二、三卷重点是边角走式，还有让子局谱和术语图解。四、五、六卷共有378个棋势图，是全书中最重要的部分。

本书虽有起手法、古遗局等，但重点放在100个死活题上。这些死活题不仅起名生动，如"野猿过水势""入穴取鱼势"等，而且质量极高，颇受棋界重视，曾多次翻印出版，广为流传。

皮日休（834年—902年），字袭美，一字逸少，尝居鹿门山，自号鹿门子，又号间气布衣、醉吟先生。晚唐文学家、散文家，与陆龟蒙齐名，世称"皮陆"。诗文兼有奇朴二态，且多为同情民间疾苦之作。作品有《皮日休集》《文薮》《胥台集》等。

元代篆刻家吾丘衍嗜古学，通经史百家言，工篆隶，谙音律，于1300年著有《学古编》，由《三十五举》《合用文集品目》和《附录》3部分所组成，叙述篆隶书体的演变及篆刻的章法与刀法等有关知识，是我国第一部专门研究印学的著作。

《三十五举》为此书主体，阐述篆隶演变及篆刻知识，甚多创获，故后人直呼该书为《三十五举》。

《学古编》提出的"篆法优先于印法"理论及其基本内容和结构形式，历来被许为印学史上最早的一部篆法与章法并举的经典著作，具有开创性意义。

吾丘衍的《学古编》影响很大，在后世多有续作，如明何震有《续学古编》2卷，清姚觐元有《三十五举校勘记》，桂馥有《续三十五举》《再续三十五举》各1卷。这些著作对我国印学理论体系的建立起到积极的推动作用。

清代乾隆年间，有皇家收藏的砚史著录《西清砚谱》所录各类砚计240枚，全书可以分两个部分：一部分是作为文物珍藏的自汉唐至宋元的砚，第二部分是明或清初的镌品。编著形式图文对照，所有砚的图形用工笔手绘，从各个方位来展示说明。《西清砚谱》存世有3种：文渊阁本、藏书阁本和文华堂本。

阅读链接

中华文化浩如烟海，古文化源远流长，说到中华文化追根溯源就不得不说古文化；说到古文化便不得不说琴棋墨砚。

我国古代关于琴、棋、墨、砚的专著非常多，充分显示了我国传统墨印文化的博大精深。从孔子再传弟子公孙尼子的音乐专著《乐记》，到清乾隆年间皇家收藏的砚史著录《西清砚谱》，通过这些专著，能让人们领略到琴棋墨砚的艺术魅力，感受文人雅士的气息，享受一下我国古文化的温馨与芬芳。

以古问证的鼎彝古币类专著

我国历史悠久，从石器时代以至夏商周开始制造生活、礼仪、战争等方面的器物，其历史时空在青铜白玉中凝固，文化古韵在红墙黄瓦间婉转，回首五千年文明，这些古代器物都凝结着令人荡气回肠的前尘故事。品赏这些古物，能够知古鉴今，格物致知，由此产生了"考古"这门文化。

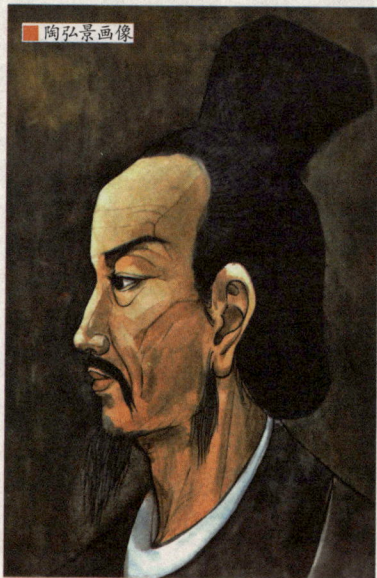
陶弘景画像

我国古代记录介绍刀剑的专著，最著名的应首属南朝医药家、炼丹家、文学家陶弘景所撰的《古今刀剑录》。陶弘景字通明，曾参加过宝刀的冶炼，该书是作者研究刀剑冶炼的心得体会。

《古今刀剑录》记录了远自夏禹、近到梁武帝各个朝代所制宝刀、

鼎 我国古代的一种青铜器，三足，两耳，通常刻有精细的纹饰。鼎最初是一种炊具，后来因用于烹饪祭祀给神的牺牲，而上升为礼器，成为国家政权中君主、大臣等权力象征。据文献及考古发现九鼎应为诸侯之制，七、五鼎为卿大夫，三、一鼎为士级。

文苑集成

古代文献与经典专著

■ 陶弘景著《古今刀剑录》

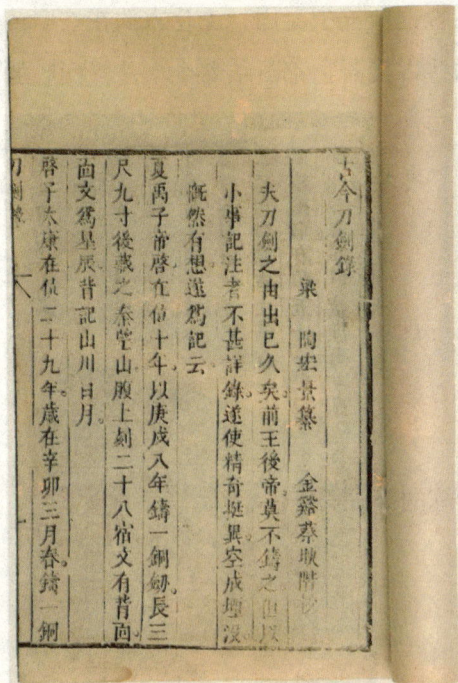

宝剑的数目，并对每一把刀剑的名称、尺寸、铸造过程以及铭文等，都作了详细的叙述。为研究我国古代刀剑工艺提供了珍贵的史料。

梁代西中郎行参军、中书舍人虞荔也著有《鼎录》一书，后被收入清代的《四库全书》《四明丛书》中。

"考古"这一名词则出现于宋代，北宋时期的金石学者吕大临，就曾在1092年著有《考古图》一书，对一些传世的青铜器和石刻等物进行搜集和整理。全书共10卷，比较系统地著录了当时宫廷和私家收藏的古代铜器、玉器。

《考古图》卷1至卷6为鼎、鬲、簋、爵等商周器，目列238器，实收143器。卷7为钟、磬等乐器，目列10器，实收15器。卷8为玉器，目列13器，实收9器。卷9、卷10为秦汉器，目列63器，实收67器。总共目列224器，实收234器。

《考古图》对每件器都精细摹绘图形、款识，记录尺寸、重量等，并尽可能地注明出土地和收藏处。所录器物的出土地可考者计90余器，出自陕西各地的占半数以上。

《考古图》在编排上注意到相互的共存关系。如卷3收

"得之于河南河清"的"单羿癸彝"，同时附录出土的鼎、觚、簋、盉、甗5器。

编者又能根据器物的形制、文字和出土地推断年代。卷1"乙鼎"，即根据其"形制文字及所从得"，推定为商器。尽管所定器名，不无可商之处，但它的正确之处及学术价值仍不容怀疑，不失为我国最早而有系统的古器物图录，在著录古器物的体例上具有开创性的功绩。

宋徽宗宣和年间，由宋徽宗敕撰，宰相王黼编纂有《宣和博古图》30卷。1107年开始编纂，成于1123年之后。该书著录了宋代皇室在宣和殿收藏的自商代至唐代的青铜器839件。

《宣和博古图》集中了宋代所藏青铜器的精华。分为鼎、尊、罍、彝、舟、卣、瓶、壶、爵、觯、敦、簋、簠、鬲、镀及盘、匜、钟磬镈于、杂器、镜鉴等，凡20类。各种器物均按时代编排，每类器物都有总说，每件器物都有摹绘图、铭文拓本及释文，并记有器物尺寸、重量与容量。有些还附记出土地点、颜色和收藏家的姓名，对器名、铭文也有详尽的说明与精审的考证。

王俅的《啸堂集古录》成书约后于《宣和博古

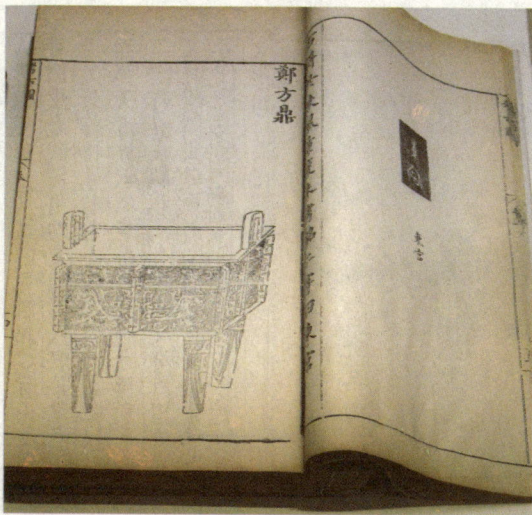

■《考古图》

彝 古代的大型盛酒器，并作为礼器以其显赫的地位和精美的造型著称，亦泛指古代宗庙常用的祭器，与鼎合称为"鼎彝"，也泛指青铜礼器。方彝是宋代人以这类器的形体作方形而确定的称谓，有个别为长体、有肩式，似二方彝合并，故称之为偶方彝。

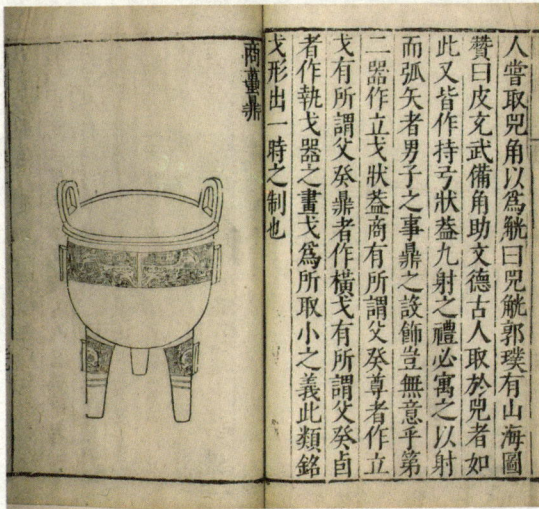

戈形出一時之制也
者作執戈者之畫戈為所取小之義此類銘
戈有所謂父癸尊者作立
二器作立戈狀益商有所謂父癸尊者作立
而弧矢者男子之事鼎之設飾堂無意乎第
此又皆作持弓狀益九射之禮必寓之以射
贊曰皮弁武備助文德古人取於兒者如
人嘗取角以爲號曰兒號郭璞有山海圖

商彝鼎

古图》

142

文苑集成

古代文献与经典专著

礼部　古代官
署。南北朝北周
始设。隋唐为六
部之一。历代相
沿。考吉、嘉、
军、宾、凶五礼
之用；管理全国
学校事务及科举
考试及藩属和外
国之往来事。礼
部下设四司，明
清皆为：仪制清
吏司，掌嘉礼、
军礼事；祠祭清
吏司，掌吉礼及
凶礼事务；主客
清吏司，掌宾礼
及接待外宾事
务；精膳清吏
司，掌廷飨廪饩
牲牢事务。

图》，2卷，著录商、周、秦、汉以来的青铜器及印、镜铭文345器。上为铭文摹本，下附释文。铭文间有删节脱漏，尤以镜鉴为甚。还收录了《滕公墓铭》之类伪器，但摹刻较精，有研究价值。

明代宣德年间，礼部尚书吕震等奉敕编次《宣德鼎彝谱》8卷，初仅供进呈皇帝，不曾颁行于世，嘉靖年间流出宫禁，版本较多。该书前有华盖殿大学士杨荣序，亦题奉敕恭撰。后有嘉靖甲午文彭跋，称出自于谦家。

《宣德鼎彝谱》卷1、卷2载所奉敕谕及礼部进图式、工部议物料诸疏。卷3载工部请给物料疏及礼工二部议、南北郊至武学武成殿鼎彝名目。卷4载太庙至内府宫殿鼎彝名目。卷5载敕赐两京衙门至天下名山胜迹鼎彝名目，工部铸冶告成及补铸二疏，并褒奖敕一道。卷6、卷7、卷8通为详释鼎彝名义，凡某所某器仿古某式，皆疏其事实尺寸制度，一一具载之。

到了清代，考古之风依旧不减，乾隆皇帝十分重视文物典籍的收藏与整理，命将内府庋藏的鼎、尊、彝等青铜器分门别类，以便珍藏、鉴赏。

1750年，乾隆皇帝下旨，命吏部尚书梁诗正、户部尚书蒋溥、工部尚书汪由敦，率翰林仿宋宣和年编制的《博古图》样式，主要收录乾隆帝平日对青铜器的品题：

> 以内府所藏古鼎彝尊罍之属案器为图，因图系说，详其方圆围径之制，高广轻重之等，并钩勒款识，各为释文。摹绘精审，毫厘不失，则非往之图谱所能及。

乾隆帝亲自参与了《西清古鉴》的编著，和硕庄、和硕果亲王担任监理。编纂除梁诗正、蒋溥、汪由敦外，还有嵇璜、裘曰修、金德英、观保、于敏中、董邦达、王际华、钱维成等重臣，涉及吏、户、工、兵、礼五部。"虽兼取欧阳修、董逌、黄伯思、薛尚功诸家之说，而援据经史，正误析疑，亦非欧阳修等所能及"。

梁诗正等人历时两年，终于完成了《御定西清古鉴》，全书21册，分40卷，共收录青铜器1529件。从内容到画工、书法及刊制都代表了当时国家成书的最高水准。

沿用此书体例，清朝又编纂了《西清续鉴》和《宁寿鉴古》两部书。《西清古鉴》成为文物图谱编纂的范本。

《西清古鉴》共40

厌胜钱 也叫压胜钱，自汉以来就有铸造。它最初的本义主要是压邪攘灾和喜庆祈福两大类。到了后来，厌胜钱所指的范围越来越广。而纵观历朝历代的厌胜钱，各种书法、图案内容，多是体现当时的礼俗时尚，因此厌胜钱对考察各朝代的政治、民俗、文化都具有极高的参考价值。

■ 礼部尚书吕震编《宣德鼎彝谱》

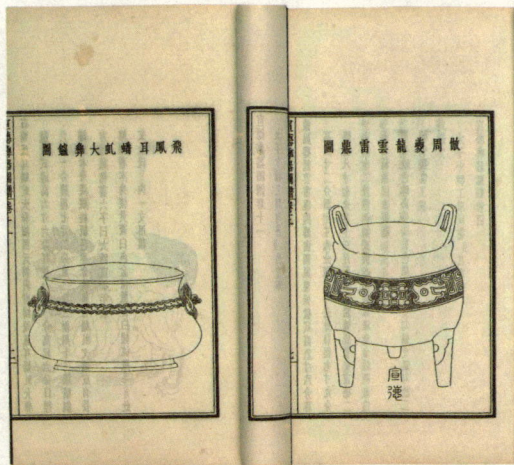

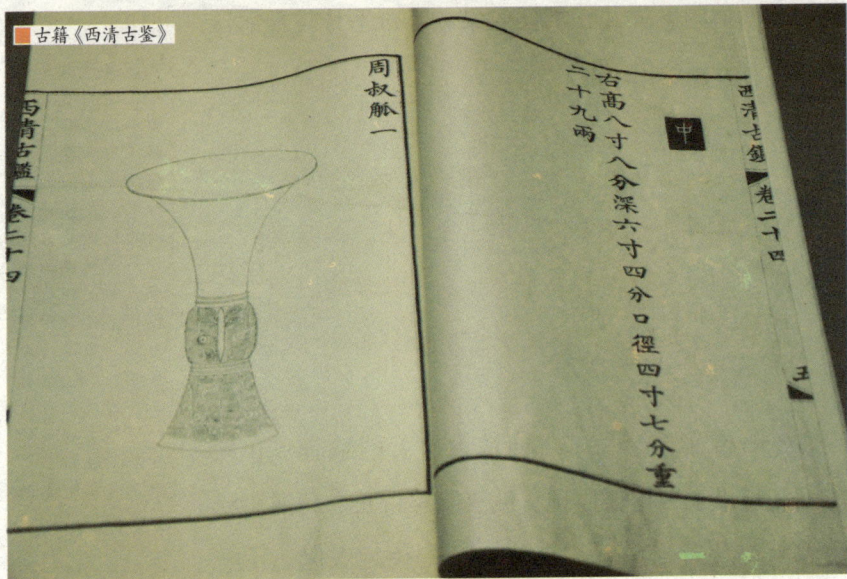

古籍《西清古鉴》

卷，附《钦定钱录》16卷，共收录自伏羲氏至明代崇祯年间钱币，以及外国货币、厌胜钱共500多种，书后附跋语一篇，署名梁诗正、蒋溥诸臣。上谕末钤"乾""隆""静揾山庄"3玺。

《西清古鉴》不仅是我国古代青铜文化宝贵的图文库，而且既可以赏读，又具有实用价值，是一本了解历史，欣赏艺术的好书。

阅读链接

考古学是根据古代人类活动遗留下的实物资料，来研究人类古代社会历史的一门学科，一般是指对含有美术价值的古物和古迹的研究，到了19世纪，才泛指对一切古物的研究。

考古学研究的对象是实物。主要是物质的遗存，或者说是遗物与遗迹。而这些遗存应该是古代人类的活动遗留下来的。鼎彝、泉币、碑版、壁画、雕塑、古陶器之类古代器物上面，多刻着表彰有功人物的文字或承载着历史故事，对考察古代生活有重要价值。

寓情于生的茶酒文化专著

传说神农在尝百草的时候，有一天他发现了几棵野生大树，其叶子有清香回甘之味，索性嚼而食之。食后更觉气味清香，舌底生津，精神振奋，熬煮汁水黄绿，饮之更佳。

神农大喜，于是依照"人"在"草""木"之间而为其定名为"茶"，并取其叶熬煎试服，发现确有解渴生津、提神醒脑、利尿解毒等作用。因此在百草之外，茶被认为是一种养生之妙药。

我国饮茶历史非常悠久，公元前1122年至公元前1116年，我国巴蜀地区

古代贡茶

■ 古代品茶图

文苑集成

古代文献与经典专著

《尔雅》 我国最早的一部解释词义的专著，也是第一部按照词义系统和事物分类来编纂的词典。《尔雅》的意思是接近、符合雅言，即以雅正之言解释古语词、方言词，使之近于规范。《尔雅》是我国第一部按义类编排的综合性辞书，是疏通包括五经在内的上古文献中词语古文的重要工具书。

就有以茶叶为"贡品"的记载。春秋战国时期所编著的我国最早的词典《尔雅》中，始有记载周公饮茶养颜保健的逸事。而孔子所开创的儒家，在我国茶文化中首先倡导了"茶礼"文化。

到了西汉时期，著名辞赋家王褒《僮约》"烹茶尽具"的约定，是关于饮茶最早的可信记载。《僮约》中有"烹茶尽具""武阳买茶"，一般都认为"烹茶""买茶"之"茶"为茶。

两晋南北朝时期，茶量渐多，有关饮茶的记载也多见于史册。茶叶逐渐商品化，茶叶的产量也增加，不再将茶视为珍贵的奢侈品了。

唐朝一统天下后，修文息武，重视农作，从而促进了茶叶生产的发展。由于国内太平，社会安定，百姓能够安居乐业。随着农业、手工业生产的发展，茶叶的生产和贸易也迅速兴盛起来，成为我国茶史上第一个高峰。

唐朝饮茶之风的兴起，促使了"茶圣"陆羽的横空出世。他认真总结、悉心研究了前人和当时茶叶的生产经验，完成创始之作《茶经》。

《茶经》分3卷10节，约7000字。系统地总结了当时的茶叶采制和饮用经验，全面论述了有关茶叶起源、生产、饮用等各方面的问题，传播了茶业科学知识，促进了茶叶生产的发展，开我国茶道的先河。

《茶经》是我国古代非常完备的一部茶书，除茶法外，凡与茶有关的各种内容，都有叙述，以后茶书皆本于此。

"茶兴于唐而盛于宋"。两宋的茶叶生产，在唐代至五代的基础上逐步发展起来，全国茶叶产区又有所扩大，各地精制的名茶繁多，茶叶产量也有了大量增加。

宋徽宗赵佶对茶进行过深入的研究，他还写成了茶叶专著《大观茶论》一书，全书共20篇，对北宋时期蒸青团茶的产地、采制、烹试、品质、斗茶风尚等

陆羽（733年—804年），字鸿渐，一名疾，字季疵，号竟陵子、桑苎翁、东冈子，又号茶山御史。以著世界第一部茶叶专著《茶经》闻名于世，对我国茶业和世界茶业做出了卓越贡献，被誉为"茶圣"，奉为"茶仙"，祀为"茶神"。

■ 古代书籍《茶经》

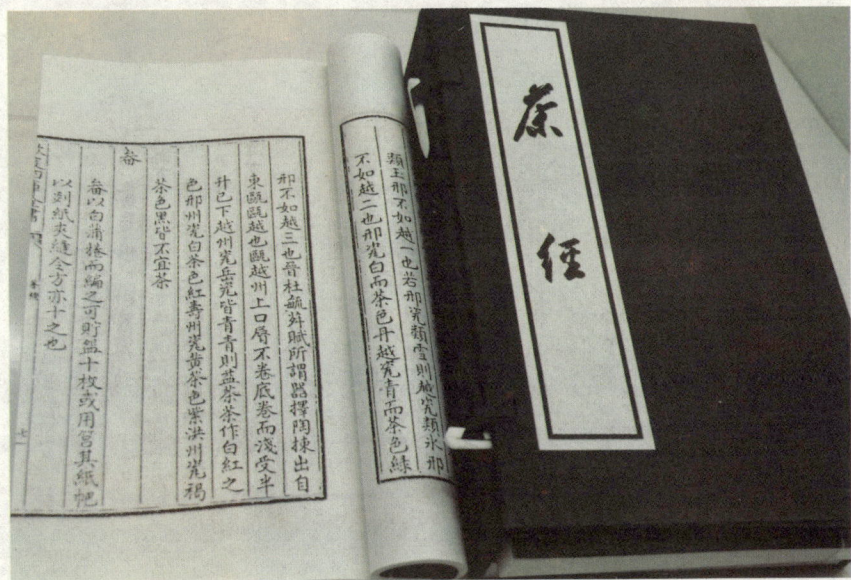

点茶 就是把茶瓶里烧好的水注入到茶盏中，是唐、宋时的一种煮茶方法。这时不再直接将茶放入釜中熬煮，而是先将饼茶碾碎，置碗中待用。以釜烧水，微沸初漾时即冲点碗中的茶。它给人带来的身心享受，能唤来无穷的回味。

均有详细记述。其中"点茶"一篇，见解精辟，论述深刻。从一个侧面反映了北宋以来我国茶业的发达程度和制茶技术的发展状况，从而也推动了饮茶之风的盛行。

宋代著名书法家蔡襄有感于陆羽《茶经》，特地向皇帝推荐北苑贡茶之作《茶录》，是继陆羽《茶经》之后最有影响的论茶专著。

《茶录》以记述茶事为基础，计上、下两篇，上篇论茶，分色、香、味、藏茶、炙茶、碾茶、罗茶、候茶、熁盏、点茶10目，主要论述茶汤品质和烹饮方法。下篇论器，分茶焙、茶笼、砧椎、茶钤、茶碾、茶罗、茶盏、茶匙、汤瓶9目。

继蔡襄《茶录》之后，论茶专著还有黄儒的《品茶要录》、熊蕃的《宣和北苑贡茶录》、宋子安的《东溪试茶录》、陆廷灿的《续茶经》、张又新的《煎茶水记》等。

■竹简《酒经》

■ 古代酿酒工艺

与茶一样，我国制酒历史源远流长，在我国古书《世本》中，有"仪狄始作醪，变五味"的记载。

仪狄是夏禹时代司掌造酒的官员，相传是我国最早的酿酒人，女性。东汉许慎《说文解字》中解释"酒"字的条目中有："杜康作秫酒。"《世本》也有同样说法。更带有神话色彩的说法是"天有酒星，酒之作也，其与天地并矣"。这些传说尽管各不相同，大致说明酿酒早在夏朝或者夏朝以前就存在了。

我国酒类品种繁多，名酒荟萃，酒与中华文化、养生保健密切相关，因此历代都有论酒专著出现。

周武王灭掉商纣后，建立了周王朝。武王死后，成王继位，因其年少，由周公旦辅佐。为了汲取商因酒败亡的历史教训，使周王朝政权更加稳固，周公曾作《酒诰》以警戒之。

随着春秋至秦汉时期生产技术的进步，酒文化也

蔡襄（1012年—1067年），字君谟，先后在宋朝中央政府担任过馆阁校勘、知谏院、直史馆、知制诰、龙图阁直学士、枢密院直学士、翰林学士、三司使、端明殿学士等职。蔡襄为人忠厚、正直，讲究信义，而且学识渊博，书艺高深，以其浑厚端庄、淳淡婉美，自成一体。

竹林七贤

唐代文献与经典专著

李白 （701年—762年），字太白，号青莲居士，唐朝诗人，有"诗仙"之称，伟大的浪漫主义诗人，为唐诗的繁荣与发展打开了新局面，其歌行体和七绝达到了后人难及的高度。李白存世诗文千余篇，代表作有《蜀道难》《将进酒》等诗篇，有《李太白集》传世。

取得了很大发展。东汉末年的建安年间，大臣曹操将家乡亳州的"九酝春酒"以及酿造方法献给汉献帝刘协，御医认为有健身功效，自此"九酝春酒"成为历代贡品。

在魏晋时期，文人饮酒之风极盛，出现了有名的"竹林七贤"，他们是晋代的7位名士，即阮籍、嵇康、山涛、刘伶、阮咸、向秀和王戎。刘伶还写了一篇著名的《酒德颂》。魏晋南北朝时出现了"曲水流觞"的习俗，把酒文化更向前推进了一步。

唐代由于疆土扩大，物质财富的增加，而粮食的储积对发展酿酒业提供了前提。再加上唐代文化繁荣，喝酒已不再是王公贵族、文人名士的特权，老百姓也普遍饮酒，酒类品种更加繁多，并由此开创了唐宋"诗酒文化"，李白、杜甫等伟大诗人都颇有酒名，并且有"饮中八仙"之说。

宋代的酿酒工业，在唐代普及和发展的基础上得到了进一步的发展。上至宫廷，下至村寨，酿酒作坊，星罗棋布。

宋仁宗时期，窦苹著有《酒谱》一书，他杂取有关酒的故事、掌故、传闻计14题，包括酒的起源、酒的名称、酒的历史、名人酒事、酒的功用、性味、饮器、传说、饮酒的礼仪，关于酒的诗文等，内容丰实，多采"旧闻"，且分类排比，一目了然，可以说是对北宋以前我国酒文化的汇集。

在我国古代的一些酿酒著作中，最系统最完整、最有实践指导意义的酿酒著作，则是北宋末期医学家朱肱的《北山酒经》，此书是对当时酿酒、饮酒的实践总结和理论概括。

《北山酒经》全书共分为上、中、下3卷。上卷为总论，论酒的发展历史；中卷论制曲；下卷记造

朱肱 （1050年—1125年），字翼中，号无求子，晚号大隐翁。吴兴（今浙江湖州）人。曾任医学博士。朱肱研究伤寒最重经络，在用经络循行部位和生理特点解释伤寒传变的同时，还特别强调脉证合参以辨别病证的表里阴阳。他在鉴别诊断和治疗方面具有独到见解。

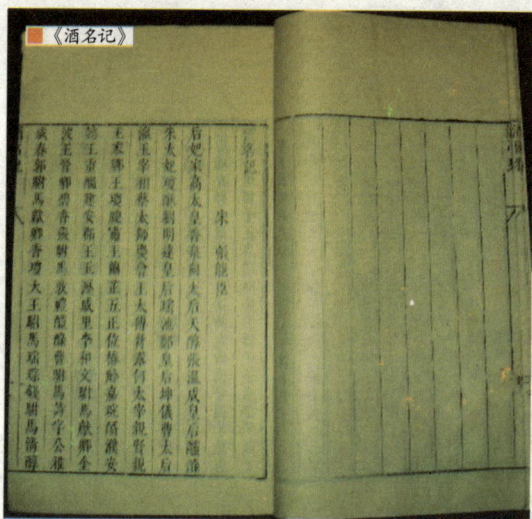
《酒名记》

酒，是我国古代较早全面、完整地论述有关酒的著述。

宋代张能臣曾著《酒名记》，收录了宋代天下酒名100多种，是我国古代记载酒名最多的书。

其中皇亲国戚家酿酒，无疑是酒中珍品。《酒名记》中的酒名，甚为雅致，具有博大精深的文化气息。例如：

后妃家的酒名有香泉酒、天醇酒、瑶池酒、瀛玉酒等；亲王家及驸马家的酒名有：琼腴酒、兰芷酒、玉沥酒、金波酒、清醇酒等。

《酒名记》中还记载了很多地方名酒，如杭州竹味清、碧香、苏州木兰堂、白云泉、明州金波、湖州碧兰堂、汉州廉泉、果州香桂、银液、广州十八仙、齐州舜泉、曹州银光、登州朝霞等。

宋朝在京城实行官卖酒曲的政策，民间只要向官府买曲，就可以自行酿酒。所以京城里酒店林立，酒店按规模可分为数等，酒楼的等级最高，宾客可在其中寻欢作乐。《酒名记》中记载京城有名的酒店称为正店，有72处，其他酒店不可胜数。由于买酒竞争激烈，酒的质量往往是立足之本。

《酒名记》中共罗列了27种市店名酒，如：丰乐楼的眉寿酒、忻乐楼的仙醪酒、和乐楼的琼浆酒、遇仙楼的玉液酒、会仙楼的玉醑酒、时楼的碧光酒、高阳店的流霞酒、清风酒、玉髓酒等。

在两宋的文献和各种文学作品中，反映酒的甚多，还有《续北山酒经》《桂海酒志》《山家清供》《山家清事》《新丰酒法》《酒尔雅》

《酒小史》《酒边词》等。

《续北山酒经》，宋李保撰。该著分经、温酒法两部。在经中说：

> 大隐先生朱翼中，壮年勇退，著书酿酒，侨居西湖上而老焉。属朝廷大兴医学，求深于道术者，为之官师，乃起公为博士。与余为同僚。明年，翼中坐书东坡诗贬达州，又明年以官祠还，未至。余一旦梦翼中……得翼中北山酒经法而读之，盖有御魑魅于烟岚，转炎荒为净土之语，与梦颇契，余甚异。乃作此诗以志之……

看来，李保对朱翼中十分尊敬与钦佩。在温酒法

驸马 我国古代帝王女婿的称谓。又称帝婿、主婿、国婿等，因驸马都尉得名。汉武帝时始置驸马都尉，驸，即副。驸马都尉，掌副车之马。到三国时期，魏国的何晏，以帝婿的身份授官驸马都尉。魏晋以后，帝婿照例都加驸马都尉称号，简称驸马。以后驸马即用以称帝婿。清代称额驸。

娱乐大观

文娱博雅

■ 古代酿酒工艺

《酒小史》

中，记述了酿制各种曲和酒的方法。

《桂海酒志》，宋范成大撰。他在《桂海酒志》中说：余性不能酒，士友之饮少者，莫余若而能知酒者，亦莫余若也。顷数仁于朝游王公贵人家，未始得见名酒。使北至燕山得其宫中酒号金兰，乃大佳。燕西有金兰上汲其泉以酿，及来桂林而饮瑞露，乃尽酒之妙，声震湖广，则虽金兰之胜，未必能颉颃也。瑞露，帅司公厨酒也。经抚所前有井清洌汲以酿，遂有名。今南库中自出一泉，近年只用库井酒乃佳。古辣泉，古辣本宾横间，墟名以中泉酿酒，既熟不煮，埋之地中，日足取出。老酒，以麦曲酿酒，密封藏之可数年，士人家尤贵重。每岁腊中家家造酢，使可为卒岁计。有贵客，则设老酒，各酢以示勤，婚娶亦示老酒为厚礼。

《酒小史》，宋代宋伯仁撰。伯仁，字器之，号雪岩，广平人，一作湖州人，嘉熙时为盐运司属官。所著只记载一些酒名，共100余种，如汀州谢家红、荥阳土窟春、杨世昌蜜酒等。

阅读链接

唐宋是我国茶酒文化大发展时期，在唐宋的文献和文学作品中，经常会提及酒名，或以原料称之，或以色泽呼之，或以产地名之，或以制法言之，据粗略统计，有五六十种之多。特别值得提出的是，后世一些名酒，如西凤酒、五粮液、汾酒、绍兴酒、董酒等，大多可在宋代酒诗中找到，在中华酒文化发展史上，有重要的研究价值。

异彩纷呈的花鸟虫鱼专著

花鸟虫鱼虽然是大自然中普通的动植物，但是在我国传统文化中，更赋予了其深度的内涵，自古以来多有花鸟派大画家出现。

两宋时期，是我国古代花鸟画空前发展，并取得重大成就的时期，宫廷中装堂饰壁务求华美，使花鸟画在美术中占有重要地位。

桃花双禽图

■ 《洛阳牡丹记》石刻

欧阳修（1007年—1072年），字永叔，号醉翁、六一居士。是在宋代文学史上最早开创一代文风的文坛领袖。欧阳修在变革文风的同时，也对诗词风进行了革新。在史学方面，和宋祁等一同编修《新唐书》，又自修《新五代史》，有很高成就。

花鸟不仅书画作品中多有呈现，而且还融入了人们的日常生活中，陶冶了人们的情操，使生活更加富有情趣，因此也有诸多专著。

牡丹被誉为我国的"国花"，颇受文人推崇。如北宋大诗人欧阳修著有《洛阳牡丹记》，全文约2700余字，分3篇：一曰"花品叙"，列出牡丹品种24个。指出牡丹在我国生长的地域，认为"出洛阳者今为天下第一"；二曰"花释名"，解说花名由来；三曰"风俗记"，记述洛阳人赏花、种花、浇花、养花、医花的方法，并说为将花王送到开封供皇帝欣赏，采用了竹笼里衬菜叶及蜡封花蒂的技术。

我国宋代的牡丹书还有张邦基《陈州牡丹记》、陆游《天彭牡丹谱》等。除牡丹外，尚有其他花类。

到了明代，浙江石布政使王象晋在家督率佣仆经营园圃，积累了一些实践知识，并广泛收集古籍中有关资料，用10多年时间编成了介绍栽培植物的著作

《二如亭群芳谱》，简称《群芳谱》。

《群芳谱》全书30卷内容按天、岁、谷、蔬、果、茶竹、桑麻、葛棉、药、木、花卉、鹤鱼12谱分类，记载植物达400余种，每一植物分列种植、制用、疗治、典故、丽藻等项目，其中观赏植物约占一半，对一些重要花卉植物收集了很多品种名称。

到了清代，清圣祖玄烨命汪灏等人就王象晋《群芳谱》增删、改编、扩充，于1708年成书，原名《御定佩文斋广群芳谱》，简称《广群芳谱》。

《广群芳谱》全书100卷，分为天时、谷、桑麻、蔬、菜、花卉、果、木、竹、卉、药11个谱。汪灏等人大幅度改编《群芳谱》，对其篇目有分有合，删去了其中一些和农事无关的内容，对原书引文错误及脱漏之处，一一加以补正。经过改编，全书形式整齐划一，内容严谨充实，取材也较丰富，减少了矛盾重复之处，可视为一部新书。

凡是原书保留下来的旧条文，开头皆注有"原"字，新增内容则开头处用"增"字标明，很易区别。玄烨本人所写诗赋，则以"御制诗"标明，归集在诸条集藻项下。

清代古籍《广群芳谱》

关于"虫鱼"即动物类的专著，历代也多有呈现，如越陶朱公《养鱼经》、秦李伯乐《相马经》。

《养鱼经》为春秋末年范蠡所著，是我国最早的养鱼著作，共一卷。范蠡晚年居陶，称朱公，后人遂称之为陶朱公，故本书又名《陶朱公养鱼经》《陶朱公养鱼法》《陶朱公养鱼方》等。东汉初年已出现，《世说新语·任诞篇》注文所引《襄阳记》中有汉光武帝时"侍中习郁于岘山南，依《范蠡养鱼经》作鱼池"的记载。

本书后存共 400 余字，以问对形式记载了鱼池构造、亲鱼规格、雌雄鱼搭配比例、适宜放养的时间以及密养、轮捕、留种增殖等养鲤方法，与后世方法多相类似，是我国养鱼史上值得重视的珍贵文献。

伯乐原名孙阳，春秋中期郜国人。在秦国富国强兵中，作为相马立下汗马功劳，得到秦穆公信赖，被封为"伯乐将军"。伯乐后来将毕生经验总结写成我国历史上第一部相马学著作《伯乐相马经》。

在湖南长沙马王堆三号汉墓中有大批珍贵文献资料帛书，其中就有一部为《相马经》，这是我国动物学、畜牧学的重要古代文献，是早已失传的《伯乐相马经》的抄本。

《相马经》帛书残片存77行，约5200字，其中残缺500字。内容包

文苑集成

古代文献与经典专著

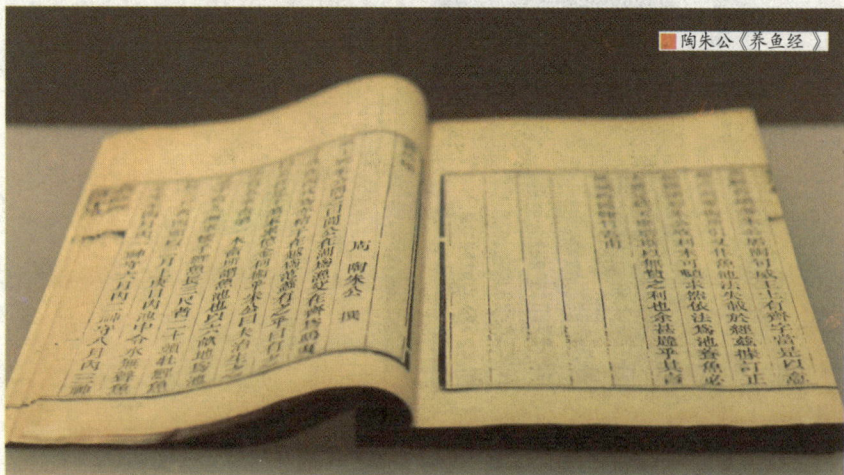

陶朱公《养鱼经》

■ 伯乐相马图

括经、传、故训3部分。其主要是对马头部和有关相马的理论，如对马的目、睫、眉、骨等部位的相法，全文用隶书书写，间有米丝栏。

作者在15个相连贯的答问中，从马的盈满程度、眼的光泽、眼的活动能力、睫毛和眼外肌的功能等，说明与马是否善走的关系。

《相马经》其行文近似赋体，较有文学色彩，提供了历史文献上从未见过的古代关于相畜方面的材料，证实了我国古代相马有着悠久的历史。

鹤是"国鸟"。在所有的鸟中，鹤最有文化，外貌清雅高贵，心灵纯正无瑕，智慧深邃，还是吉祥长寿的象征。

浮丘伯养鹤，也自比于鹤。《相鹤经》描述鹤：

夫声闻于天，故顶赤；食于水，故喙长；轩于前，故后趾短；栖于陆，故足高而

伯乐 传说中，天上管理马匹的神仙叫伯乐。在人间，人们把精于鉴别马匹优劣的人，也称为伯乐。秦代著名相马师伯乐相传为秦穆公时的人，姓孙名阳，善相马。后来人们又把"伯乐"指个人或集体发现、推荐、培养和使用人才的人。

辑佚 指对以引用的形式保存在其他存世文献中的已经失传的文献材料加以搜集整理，使已经佚失的书籍文献得以恢复或部分恢复的行为。通过辑佚所得到的文献，称之为辑本或辑佚本。此外，研究辑佚的历史、方法、原则和其他相关问题的学科，称之为辑佚学。

尾涸；翔于云，故毛丰而肉疏。且大喉以吐故，修颈以纳新，故天寿不可量。所以体无青黄二色者，土木之气内养，故不表于外也。是以行必依洲屿，止不集林木，盖羽族之清崇者也。

其相曰：瘦头朱顶则冲霄，露眼黑睛则视远，隆鼻短喙则少眠，鞋颊宅耳则知时，长颈竦身则能鸣，鸿翅鸽膺则体轻，凤翼雀尾则善飞，龟背鳖腹则伏产，轩前垂后则能舞，高胫粗节则足力，洪髀纤指则好翘。圣人在位，则与凤凰翔于郊甸。

■ 古人相鹤图

相传后来浮丘伯得道成仙，后世将其与安期生、洪崖等人作为仙人的代称，《相鹤经》自然成了浮丘伯得道的代表作。

传说浮丘伯将《相鹤经》传给了王子晋，西汉崔文子向王子晋学道，得到了《相鹤经》的文字，后游学到嵩山，藏在嵩山石室中。后淮南八公采药得之，遂传于世。

后世的《相鹤经》已经历代爱鹤之士的增删修改，不断完善，但原神定是浮丘伯的。

秦汉时期的虫鱼类专著，较著名的如朱仲的《相贝经》。

至宋代，虫鱼类的专著比较多，北宋陈景元所辑的《相鹤经》是我国最早的辑佚之书。另外，如贾似道著有《促织经》，傅肱著有《蟹谱》，高似孙著有《蟹略》。

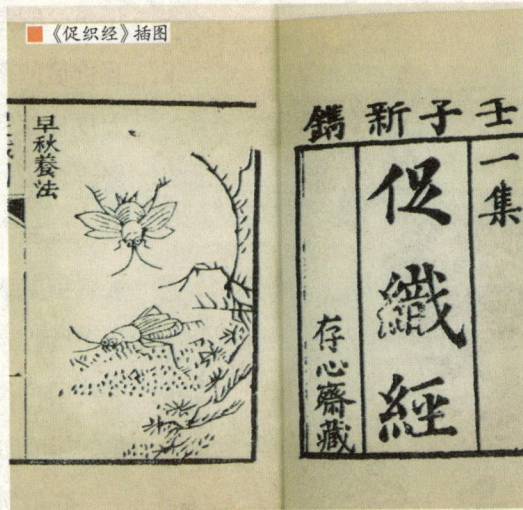
■《促织经》插图

贾似道是宋理宗时的丞相，他的《促织经》是世界上第一部研究蟋蟀的专著。《促织经》共两卷，分论赋、论形、论色、决胜、论养、论斗、论病等诸章，系统描写了蟋蟀的种类、形态、养法等，对蟋蟀进行了详尽的论述。

蟹之美丽，不仅在其美味，更在于其融入到历史文化的方方面面，已经点点滴滴地融入了人们的文化生活里。

我国历史有关蟹的谱录，主要有北宋傅肱的《蟹谱》、南宋高似孙的《蟹略》。二书前后相继，各有所长，互相辉映。

傅肱字自翼，其自署曰怪山。著有《蟹谱》二卷，共6000字左右，分总论、上篇、下篇及纪赋咏4个部分：总论言简意赅、形象生动，是一篇可圈可点的记录蟹况的散文。

《蟹谱》上篇撷拾旧文42条，视野甚为广阔，将蟹又称"郭索""无肠公子"、春秋吴国的"稻蟹不遗种"、东晋毕卓最早倡导酒蟹匹配"右手持酒杯，左手持蟹螯"等话题从典籍中挖出，更加引人瞩目，是对蟹文化的第一次钩稽。

而下篇则为傅肱自记见闻，广集北宋蟹事23条，在当时是鲜活的

记录，既是珍贵的史料，亦为该书最有价值的部分；纪赋咏抄录了唐代诗人皮日休和陆龟蒙一赠一答的两首咏蟹诗。

傅肱推原历史，排比现状，使《蟹谱》成为开山之作，为历代许多丛书所收录，所引《唐韵》17条亦成了我国古代韵书的"活化石"，其零星的影响自不待言。

高似孙的《蟹略》约2万字，共分为4卷。除"郭索传"外为12门，每门之下分条记载，多取蟹字为条目名称，后系以典籍语录和诗人诗句，较之《蟹谱》，篇幅更多，分条更细，材料亦更为丰富。

高似孙的锐意搜索和繁富采摭，也使得《蟹略》有了极强的辑佚作用，且不论其对《事始》《三国典略》等史籍部分史述的存留，单其所涉306首、句诗篇中，包括刘攽、曾几等人逸诗26首，独具文献价值。

到了明代，比较著名的动物类专著如黄省曾的《养鱼经》，杨慎的《异鱼图赞》。

黄省曾是明代著名学者，一生著述颇丰，内容涉及经学、史学、

菊酒熟蟹图轴

地理、农学等多方面，其《养鱼经》又名《种鱼经》《鱼经》，刊行于1573年至1618年间。

全书共3篇：一之种、二之法、三之江海诸品，分别讲鱼秧、养鱼的方法及鱼的种类。书中记述了鲟、鲈、鳜、鲳等19种鱼类，主要记载鱼苗培育、成鱼饲养及长江下游海水鱼类和淡水鱼类的性状，反映了明代后期苏南地区的养鱼技术。

此外，书中"鬻时可去大而存小"、投饵"须有定时"的记载，说明明代已有"轮捕轮放"和投饲"四定"即定质、定量、定时、定位等养鱼技术。

此书还最早记载了我国的鲻鱼半咸水人工养殖活动。尤其书中还指出河豚的毒性、鉴别和解毒之法：

有大毒能杀人，无颊无鳞，与口目能开合，能作声，是鳞中之毒品也。凡烹调也，腹之子、目之精、脊之血必尽弃之……俱不可食。凡洗宜极净，煮宜极热，治之不中度，不熟，则毒于人。中其毒者，水调槐花末或龙脑水，或至宝丹，或橄榄子，皆可解也。

可见，当时人们不但已了解河豚的毒性，而且在鉴别与解毒方面，都积累了丰富的知识。

黄省曾（1490年—1540年），字勉之，号五岳山人，明代著名学者。喜爱藏书，于书无所不览，详闻奥学，好谈经济，其一生著述颇丰，内容涉及经学、史学、地理、农学等多方面。他为古文献的保存和整理工作做出了相当大的贡献。此外，省曾还是一个较有成就的书法艺术家。

■ 黄省曾著《兽经》

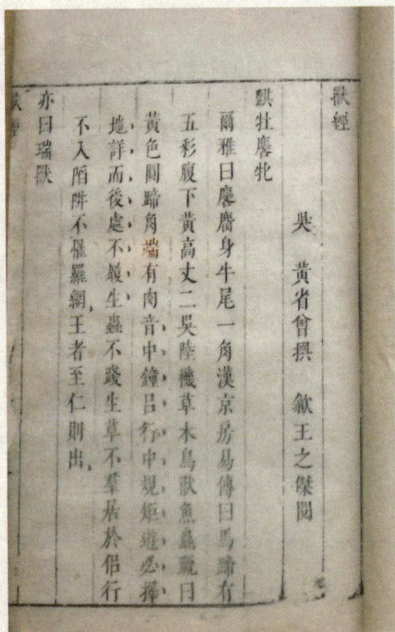

此外，黄省曾还著有《兽经》1卷，《蚕经》1卷，与他的《稻经》《鱼经》合称为《农圃四书》。

明代三大才子之首杨慎的《异鱼图赞》是我国古代一部重要的鱼类著作，写于1544年，《异鱼图赞》为杨慎考订博物之名著，文章渊雅。杨慎在《异鱼图赞引》中云：

> 有西州画史，录南朝《异鱼图》将补绘之。予阅其名多舛错，文不雅驯，乃取万震、沈怀远之物志，效郭璞、张骏之赞体，或述其成制，或演以新文。其辞质而不文，明而不晦，简而易尽，韵而易讽，句中足征，言表即见……

《异鱼图赞》中的"赞"，文风古雅，在"题"中，凭借其广博的学识，较为广泛地征引典籍加以解释说明，既在内容上突出异鱼之独特性，更注重广泛地引用以资证明，不仅仅是对所记对象的形状的说明和描摹。

清代胡世安根据杨慎的《异鱼图赞》，著有《异鱼图赞笺》《异鱼图赞补》等。

阅读链接

古代先民在比较低下的物质条件下，却能够通过文字丰富、活跃精神文化生活，将情感寓于琴棋书画、茶酒花鸟之中，以珍惜、宽容、乐观的态度对待生活、对待人生，并且凭着自己的生活感受和人生体验，对现实生活中的是非、善恶、美丑作出正确的价值判断。

在这些文字形成的著作中，古人不仅描述了花种、鸟性、兽习、鱼乐，而且在花香鸟语中抒发自己对生活的真实感受。反映出中华传统文化中的精髓。

中华精神家园书系

建筑古韵

壮丽皇宫：三大故宫的建筑壮景
宫殿怀古：古风犹存的历代华宫
古都遗韵：古都的厚重历史遗韵
千古都城：三大古都的千古传奇
王府胜景：北京著名王府的景致
府衙古影：古代府衙的历史遗风
古城底蕴：十大古城的历史风貌
古镇奇葩：物宝天华的古镇奇观
古村佳境：人杰地灵的千年古村
经典民居：精华浓缩的最美民居

古建风雅

皇家御苑：非凡胜景的皇家园林
非凡胜景：北京著名的皇家园林
园林精粹：苏州园林特色与名园
秀美园林：江南园林特色与名园
园林千姿：岭南园林特色与名园
雄丽之园：北方园林特色与名园
亭台情趣：迷人的典型精品古建
楼阁雅韵：神圣典雅的古建象征
三大名楼：文人雅士的汇聚之所
古建古风：中国古典建筑与标志

古建之魂

千年名刹：享誉中外的佛教寺院
天下四绝：佛教的海内四大名刹
皇家寺院：御赐美名的著名古刹
寺院奇观：独特文化底蕴的名刹
京城宝刹：北京内外八刹与三山
道观杰作：道教的十大著名宫观
古塔瑰宝：无上玄机的魅力古塔
宝塔珍品：巧夺天工的非常古塔
千古祭庙：历代帝王庙与名臣庙

文化遗迹

远古人类：中国最早猿人及遗址
原始文化：新石器时代文化遗址
王朝遗韵：历代都城与王城遗址
考古遗珍：中国的十大考古发现
陵墓遗存：古代陵墓与出土文物
石窟奇观：著名石窟与不朽艺术
石刻神工：古代石刻与文化艺术
岩画古韵：古代岩画与艺术特色
家居古风：古代建材与家居艺术
古道依稀：古代商贸通道与交通

古建涵编

天下祭坛：北京祭坛的绝妙密码
祭祀庙宇：香火旺盛的各地神庙
绵延祠庙：传奇神人的祭祀圣殿
至圣尊崇：文化浓厚的孔孟圣地
人间天宫：非凡造诣的妈祖庙宇
祠庙典范：最具人文特色的祭祠
绝代王陵：气势恢宏的帝王陵园
王陵雄风：空前绝后的地下城堡
大宅揽胜：宏大气派的大户宅第
古街韵味：古色古香的千年古街

物宝天华

青铜时代：青铜文化与艺术特色
玉石之国：玉器文化与艺术特色
陶器寻古：陶器文化与艺术特色
瓷器故乡：瓷器文化与艺术特色
金银生辉：金银文化与艺术特色
珐琅精工：珐琅器与文化之特色
琉璃古风：琉璃器与文化之特色
天然大漆：漆器文化与艺术特色
天然珍宝：珍珠宝石与艺术特色
天下奇石：赏石文化与艺术特色

中华精神家园书系

古迹奇观
玉宇琼楼：分布全国的古建筑群
城楼古景：雄伟壮丽的古代城楼
历史开关：千年古城墙与古城门
长城纵览：古代浩大的防御工程
长城关隘：万里长城的著名关卡
雄关漫道：北方的著名古代关隘
千古要塞：南方的著名古代关隘
桥的国度：穿越古今的著名桥梁
古桥天姿：千姿百态的古桥艺术
水利古貌：古代水利工程与遗迹

山水灵性
母亲之河：黄河文明与历史渊源
中华巨龙：长江文明与历史渊源
江河之美：著名江河的文化源流
水韵雅趣：湖泊泉瀑与历史文化
东岳西岳：泰山华山与历史文化
五岳名山：恒山衡山嵩山的文化
三山美景：三山美景与历史文化
佛教名山：佛教名山的文化流芳
道教名山：道教名山的文化流芳
天下奇山：名山奇迹与文化内涵

自然遗产
天地厚礼：中国的世界自然遗产
地理恩赐：地质蕴含之美与价值
绝美景色：国家综合自然风景区
地质奇观：国家自然地质风景区
无限美景：国家自然山水风景区
自然名胜：国家自然名胜风景区
天然生态：国家综合自然保护区
动物乐园：国家动物自然保护区
植物王国：国家保护的野生植物
森林景观：国家森林公园大博览

西部沃土
古朴秦川：三秦文化特色与形态
龙兴之地：汉水文化特色与形态
塞外江南：陇右文化特色与形态
人类敦煌：敦煌文化特色与形态
巴山风情：巴渝文化特色与形态
天府之国：蜀文化的特色与形态
黔风贵韵：黔贵文化特色与形态
七彩云南：滇云文化特色与形态
八桂山水：八桂文化特色与形态
草原牧歌：草原文化特色与形态

东部风情
燕赵悲歌：燕赵文化特色与形态
齐鲁儒风：齐鲁文化特色与形态
吴越人家：吴越文化特色与形态
两淮之风：两淮文化特色与形态
八闽魅力：福建文化特色与形态
客家风采：客家文化特色与形态
岭南灵秀：岭南文化特色与形态
潮汕之根：潮州文化特色与形态
滨海风光：琼州文化特色与形态
宝岛台湾：台湾文化特色与形态

中部之魂
三晋大地：三晋文化特色与形态
华夏之中：中原文化特色与形态
陈楚风韵：陈楚文化特色与形态
地方显学：徽州文化特色与形态
形胜之区：江西文化特色与形态
淳朴湖湘：湖湘文化特色与形态
神秘湘西：湘西文化特色与形态
瑰丽楚地：荆楚文化特色与形态
秦淮画卷：秦淮文化特色与形态
冰雪关东：关东文化特色与形态

节庆习俗
普天同庆：春节习俗与文化内涵
张灯结彩：元宵习俗与彩灯文化
寄托哀思：清明祭祀与寒食习俗
粽情端午：端午节与赛龙舟习俗
浪漫佳期：七夕节俗与妇女乞巧
花好月圆：中秋节俗与赏月之风
九九踏秋：重阳节俗与登高赏菊
千秋佳节：传统节日与文化内涵
民族盛典：少数民族节日与内涵
百姓聚欢：庙会活动与赶集习俗

民风根源
血缘脉系：家族家谱与家庭文化
万姓之根：姓氏与名字号及称谓
生之由来：生庚生肖与寿诞礼俗
婚事礼仪：嫁娶礼俗与结婚喜庆
人生遵俗：人生处世与礼俗文化
幸福美满：福禄寿喜与五福临门
礼仪之邦：古代礼制与礼仪文化
祭祀庆典：传统祭典与祭祀礼俗
山水相依：依山傍水的居住文化

衣食天下
衣冠楚楚：服装艺术与文化内涵
凤冠霞帔：佩饰艺术与文化内涵
丝绸锦缎：古代纺织精品与布艺
绣美中华：刺绣文化与四大名绣
以食为天：饮食历史与筷子文化
美食中国：八大菜系与文化内涵
中国酒道：酒历史酒文化的特色
酒香千年：酿酒遗址与传统名酒
茶道风雅：茶历史茶文化的特色

国风美术
丹青史话：绘画历史演变与内涵
国画风采：绘画方法体系与类别
独特画派：著名绘画流派与特色
国画瑰宝：传世名画的绝色魅力
国风长卷：传世名画的大美风采
艺术之根：民间剪纸与民间年画
影视鼻祖：民间皮影戏与木偶戏
国粹书法：书法历史与艺术内涵
翰墨飘香：著名书法名作与艺术
行书天下：著名行书精品与艺术

汉语之魂
汉语源流：汉字汉语与文章体类
文学经典：文学评论与作品选集
古老哲学：哲学流派与经典著作
史册汗青：历史典籍与文化内涵
统御之道：政论专著与文化内涵
兵家韬略：兵法谋略与文化内涵
文苑集成：古代文献与经典专著
经传宝典：古代经传与文化内涵
曲苑音坛：曲艺说唱项目与艺术
曲艺奇葩：曲艺伴奏项目与艺术

博大文学
神话魅力：神话传说与文化内涵
民间相传：民间传说与文化内涵
英雄赞歌：四大英雄史诗与内涵
灿烂散文：散文历史与艺术特色
诗的国度：诗的历史与艺术特色
词苑漫步：词的历史与艺术特色
散曲奇葩：散曲历史与艺术特色
小说源流：小说历史与艺术特色
小说经典：著名古典小说的魅力

歌舞共娱

古乐流芳： 古代音乐历史与文化
钧天广乐： 古代十大名曲与内涵
八音古乐： 古代乐器与演奏艺术
鸾歌凤舞： 古代大曲历史与艺术
妙舞长空： 舞蹈历史与文化内涵
体育古训： 体育运动与古老项目
民俗娱乐： 民俗运动与古老项目
刀光剑影： 器械武术种类与文化
快乐游艺： 古老游艺与文化内涵
开心棋牌： 棋牌文化与古老项目

科技回眸

创始发明： 四大发明与历史价值
科技首创： 万物探索与发明发现
天文回望： 天文历史与天文科技
万年历法： 古代历法与岁时文化
地理探究： 地学历史与地理科技
数学史鉴： 数学历史与数学成就
物理源流： 物理历史与物理科技
化学历程： 化学历史与化学科技
农学春秋： 农学历史与农业科技
生物寻古： 生物历史与生物科技

文化标记

龙凤图腾： 龙凤崇拜与舞龙舞狮
吉祥如意： 吉祥物品与文化内涵
花中四君： 梅兰竹菊与文化内涵
草木有情： 草木美誉与文化象征
雕塑之韵： 雕塑历史与艺术内涵
壁画遗韵： 古代壁画与古墓丹青
雕刻精工： 竹木骨牙角匏与工艺
百年老号： 百年企业与文化传统
特色之乡： 文化之乡与文化内涵

杰出人物

文韬武略： 杰出帝王与励精图治
千古忠良： 千古贤臣与爱国爱民
将帅传奇： 将帅风云与文韬武略
思想宗师： 先贤思想与智慧精华
科学鼻祖： 科学精英与求索发现
发明巨匠： 发明天工与创造英才
文坛泰斗： 文学大家与传世经典
诗神巨星： 天才诗人与妙笔华篇
画界巨擘： 绘画名家与绝代精品
艺术大家： 艺术大师与杰出之作

戏苑杂谈

梨园春秋： 中国戏曲历史与文化
古戏经典： 四大古典悲剧与喜剧
关东曲苑： 东北戏曲种类与艺术
京津大戏： 北京与天津戏曲艺术
燕赵戏苑： 河北戏曲种类与艺术
三秦戏苑： 陕西戏曲种类与艺术
齐鲁戏台： 山东戏曲种类与艺术
中原曲苑： 河南戏曲种类与艺术
江淮戏话： 安徽戏曲种类与艺术

千秋教化

教育之本： 历代官学与民风教化
文武科举： 科举历史与选拔制度
教化于民： 太学文化与私塾文化
官学盛况： 国子监与学宫的教育
朗朗书院： 书院文化与教育特色
君子之学： 琴棋书画与六艺课目
启蒙经典： 家教蒙学与文化内涵
文房四宝： 纸笔墨砚及文化内涵
刻印时代： 古籍历史与文化内涵
金石之光： 篆刻艺术与印章碑石

悠久历史

古往今来： 历代更替与王朝千秋
天下一统： 历代统一与行动韬略
太平盛世： 历代盛世与开明之治
变法图强： 历代变法与图强革新
古代外交： 历代外交与文化交流
选贤任能： 历代官制与选拔制度
法治天下： 历代法制与公正严明
古代税赋： 历代赋税与劳役制度
三农史志： 历代农业与土地制度
古代户籍： 历代区划与户籍制度

信仰之光

儒学根源： 儒学历史与文化内涵
文化主体： 天人合一的思想内涵
处世之道： 传统儒家的修行法宝
上善若水： 道教历史与道教文化

梨园谱系

苏沪大戏： 江苏上海戏曲与艺术
钱塘戏话： 浙江戏曲种类与艺术
荆楚戏台： 湖北戏曲种类与艺术
潇湘梨园： 湖南戏曲种类与艺术
滇黔好戏： 云南贵州戏曲与艺术
八桂梨园： 广西戏曲种类与艺术
闽台戏苑： 福建戏曲种类与艺术
粤琼戏话： 广东戏曲种类与艺术
赣江好戏： 江西戏曲种类与艺术

传统美德

君子之为： 修身齐家治国平天下
刚健有为： 自强不息与勇毅力行
仁爱孝悌： 传统美德的集中体现
谦和好礼： 为人处世的美好情操
诚信知报： 质朴道德的重要表现
精忠报国： 民族精神的巨大力量
克己奉公： 强烈使命感和责任感
见利思义： 崇高人格的光辉写照
勤俭廉政： 民族的共同价值取向
笃实宽厚： 宽厚品德的生活体现

历史长河

兵器阵法： 历代军事与兵器阵法
战事演义： 历代战争与著名战役
货币历程： 历代货币与钱币形式
金融形态： 历代金融与货币流通
交通巡礼： 历代交通与水陆运输
商贸纵观： 历代商业与市场经济
印纺工业： 历代纺织与印染工艺
古老行业： 三百六十行由来发展
养殖史话： 古代畜牧与古代渔业
种植细说： 古代栽培与古代园艺

强健之源

中国功夫： 中华武术历史与文化
南拳北腿： 武术种类与文化内涵
少林传奇： 少林功夫历史与文化